HELGE TIMMERBERG

**Die Märchentante,
der Sultan,
mein Harem
und ich**

HELGE TIMMERBERG

Die Märchentante, der Sultan, mein Harem und ich

www.cpibooks.de/klimaneutral

Mehr über unsere Autoren und Bücher:
www.malik.de

Für Holly

Bibliografische Information der Deutschen Nationalbibliothek
Die Deutsche Nationalbibliothek verzeichnet diese Publikation in der
Deutschen Nationalbibliografie; detaillierte bibliografische Daten
sind im Internet über http://dnb.d-nb.de abrufbar.

MALIK NATIONAL GEOGRAPHIC

Ungekürzte Taschenbuchausgabe

Oktober 2015
© Piper Verlag GmbH, München 2014
Zeichnung auf Seite 2: Andreas Wald
Umschlaggestaltung: Dorkenwald Grafik-Design, München unter Verwendung
einer Umschlaggestaltung von kohlhaas-buchgestaltung.de
Umschlagabbildungen: Frank Zauritz, fotografiert im KOKON Lifestyle Haus,
Lenbach-Palais, München, www.kokon.com (vorne); Mirta Navas (hinten)
Satz: Satz für Satz. Barbara Reischmann, Wangen im Allgäu
Papier: Naturoffset ECF
Druck und Bindung: CPI books GmbH, Leck
Printed in Germany   ISBN 978-3-492-40582-9

Das Papier wurde aus chlorfrei gebleichtem Zellstoff hergestellt.

Inhalt

Es war einmal ein Märchen … 7

Drei Brüder 11

Die drei Anfänge 24

Mira 34

Wie Endi Effendi Moslem wurde
und was dann passierte 44

Die Bucht der Peri 57

Märchenhafter Boulevard 69

Wie ich in der Liebesgrotte von Sheherazade
meinen Frieden wiederfand 79

Der Traumverkäufer 92

Das Haus der Derwische 104

Mein Harem 112

Was heißt hier »Papa«? 130

Padre de Patron 141

Was können Sterne? 150

Champagner für alle 169

Die Überlappung der Seelen 177

Schachmatt 190

Showdown am Chiemsee 201

»Höre, o Freund und Bruder« – Der Film 218

Höre, o Freund und Bruder

Es war einmal ein Märchen …

Es lauerte einmal ein Märchen in einem losen Stapel DIN-A4-Blätter neben dem Gästebett von Endi Effendi. Draußen fielen Schneeflocken, drinnen Schleier. Können Sätze wie Schleier fallen? Warum nicht. Sätze sind Alleskönner. Sie können ver- und entschleiern, sie können auch leiern, eiern, abschweifen und verloren gehen. Verloren im Orient, in diesem Fall, denn es war ein türkisches Märchen. Es führte mich in einen Basar, in ein Kaffeehaus und in den Harem des Sultans. Und dann brachte es mich in die Wüste hinaus. Das Märchen hieß »Die Perlenkarawane« und handelte von einem Mann, der vor seiner streitsüchtigen Frau erst in die Schwerhörigkeit und dann in die Welt der Träume flüchtete.

Ich sollte spätestens an dieser Stelle meine Beziehung zu Volksmärchen thematisieren. Sie war denkbar schlecht. Ich war dreißig, ich war Profi, ich war zum Mann gereift, und wann immer mir ein beseeltes Hippiekind indianische, vietnamesische, chinesische, bolivianische, afrikanische und indische Märchen schenkte, landeten sie in der Tonne. Man muss Völkerkundler sein, um sie spannend zu finden, oder man nimmt vor der Lektüre psychedelische Pilze ein. Aber wer macht das, wer will das, wer braucht Geschichten, die erst durch Drogengenuss unterhaltend werden? Es sollte sich umgekehrt verhalten: Ein Satz, der nicht wie eine Pille wirkt, ist kein guter Satz, und ein Märchen, das dich nicht wie eine Droge an sich reißt, ist keine gute Geschichte.

Es gibt sanfte und harte Drogen. Eine Geschichte, die das Gemüt eines Abends umdreht, gehört zu den sanften, eine Geschichte, die dein Leben verändert, zu den harten, und ein Märchen, das zu meinem Leben wird, zu den superharten. Dreißig Jahre später öffnet das natürlich alle Türen, Tore, Balkon- und Fensterläden zu den wildesten Spekulationen. War die »Perlenkarawane« eines dieser Vampirmärchen, die sich den Leser wie frisches Blut reinziehen? Gehörte sie zu den Zaubergeschichten, die dich mitnehmen und nie wieder zurückbringen, weil du eine Rolle, vielleicht sogar der Held in ihnen geworden bist? Wurde mein Leben von einem Märchen verschluckt? Das wäre dann Voodoo. Oder war es vielleicht gar kein Märchen, das in dem Stapel loser DIN-A4-Blätter neben Endi Effendis Gästebett lauerte, sondern einer jener uralten türkischen Geister, die die Form eines Märchens angenommen haben? Soll alles vorkommen. Und zuzutrauen wäre es ihnen. Die bösen heißen Dschinn und sind männlich, die guten heißen Peri und sind weiblich, und tatsächlich glaubte ich einer Frau zuzuhören, als ich das Märchen las.

Endi Effendi bestätigte beim Frühstück meine Vermutung. Er sagte, eine alte Schachtel habe »Die Perlenkarawane« aufgeschrieben, wobei er das »auf-« betonte, denn wenn es mir um die wahre Autorenschaft ginge, müssten wir bei den zentralasiatischen Schamanen suchen, und das vor etwa 1300 Jahren. Weil ich das ablehnte, blieben wir bei der alten Schachtel. Sie kam in Hameln zur Welt, sie wuchs in Istanbul auf, sie ritt als Mann verkleidet jahrelang durch das Weltreich der Sultane, um an den Feuern der Karawansereien so lange den Märchenerzählern zu lauschen, bis sie selbst einer geworden war, und später, viel später, hatte sie an den Fronten des Zweiten Weltkrieges deutschen Landsern türkische Märchen erzählt, damit ihnen das Sterben leichter fiel. Ihr Name: Baronin Elsa Sophia von Kamphoevener. Die Landser nannten sie »Kamerad Märchen«.

Wer Endi Effendi kannte, weiß, dass seine Frühstücke lang waren und ich hier nur die absolute Kurzfassung seines Vortrages wiedergebe. Wer Endi Effendi kannte, weiß, dass er bei etwa tausend Bechern Tee und etwa tausend Pall Mall in etwa tausend Unter-, Neben- und Parallelgeschichten schwelgte, und wer das für arg übertrieben hält, kannte Endi Effendi eben nicht. Er war ein fleischgewordenes Lexikon, durch das hin und wieder der Kosmos gepfiffen ist. Er wusste nicht nur alles, er wusste mehr. Allgemeinwissen, Geheimwissen, mein Wissen, dein Wissen, sein Gehirn saugte es wie ein Schwamm auf. Wäre sein barocker Bauch nicht gewesen, würde ich sagen, sein Gehirn war der größte Körperteil an ihm. Ich nutzte es gern, egal, zu welcher Geschichte. Endi Effendis goldene Worte ließen jeden Text glänzen. Dass es sich dabei immer auch um Blattgold oder um ein Goldimitat handeln konnte, erwies sich nie als Problem. Die Redaktionen schluckten alles; selbst den Schlussredakteuren, intern auch »Korinthenkacker« genannt, fiel nicht ein einziges Mal auf, wenn sich Wissen mit Wahnsinn verband oder Journalismus mit Science-Fiction. Der nahtlose Übergang war seine Königsdisziplin. Es brauchte Vorstopper-Qualitäten, um nicht immer wieder bei den zentralasiatischen Schamanen zu landen oder bei den Architekten von Samarkand. Ich hatte sie. Ich konnte ihn stoppen. Ich arbeitete daran, seitdem wir Freunde waren, und wir waren das nun schon zehn Jahre lang. Das ideale Team. Dick und Doof. So sah er es, wenn er ehrlich war, aber das erfuhr ich erst nach seinem Tod. Es wird Zeit, ihm zu vergeben, darum schreibe ich über ihn, aber auch, weil ich ohne Endi Effendi nicht beschreiben kann, wie alles begann. Und auch nicht, wie es weiterging.

Drei Brüder

Es ist schön, durch den Schnee zu fahren, wenn man gerade eine Idee hat, die fürs Leben reicht. Obwohl der ich weiß nicht wie viele Jahre alte Peugeot 204 aus der ich weiß nicht wie vielten Hand brav mit mir nach Hause eilte, schien alles stillzustehen. Fahrn, fahrn, fahrn auf der Autobahn, vor allem nachts, wenn sich meine Gedanken synchron mit den Scheinwerferkegeln in die Dunkelheit fraßen, der Motor sein Mantra brummte und eine Bluesgitarre aus dem Radio perlte, war immer große Meditation für mich, auch ohne eine große Idee. Aber jetzt standen die Uhr, der Planet und das Weltall still, nur der Peugeot und die Schneeflocken nicht. Für eine Idee ist dieses allgemeine Innehalten wie ein Nest, in dem sie brüten, ausschlüpfen und erste Flugversuche proben kann, um dann den Flattermann durch Zeit und Raum zu machen. Zum Beispiel nach L.A.

Diesem Stoff kann sich Hollywood nicht entziehen. Vor der Märchenerzählerin müssen sie sich verbeugen, anders geht es nicht. Sie ist die Mutter aller Filme, und der Orient ist der Vater aller Träume, und wir erwischen ihn mit ihr gerade noch zwanzig Jahre vor dem Untergang des Osmanischen Reichs. Noch hatte der Sultan das Sagen, und es gab Eunuchen und Haremsdamen, noch zogen die Karawanen von Persien bis Marokko, von Bagdad bis Belgrad, von Turkmenistan bis Jerusalem ungehindert durch den 37-Völker-Staat, noch war die Türkei, wie die Baronin im Alter traurig sagte, »ein Märchenland«. In diesem Märchen wuchs sie auf, durch dieses Märchen ist sie geritten, als Mann verkleidet und scharf auf Geschichten. Und als die vereinigten Staaten des märchenhaften Orients an der Übermacht des Okzidents zugrunde gingen, kehrte sie nach Deutschland zurück und erzählte keine Märchen mehr, denn sie versuchte zu vergessen. Und wovon lebte sie? Sie heiratete einen Arzt. Aber der wurde irgendwann schwer krank, und als er wieder einmal in der Nacht vor Schmerzen nicht schlafen konnte, bat er, ohne von ihrer Vergangenheit zu wissen, sie darum, ihm eine Geschichte zu erzählen, irgendeine – was sie tat. Das Ergebnis war die klassische Win-win-Situation. Er vergaß seine Schmerzen, und sie verstand, dass sie den Untergang des alten Orients mit dessen Märchen jederzeit wieder rückgängig machen konnte, und verbrachte von nun an ihr Leben damit, überall, wo man es wünschte, den Himmel über der Wüste aufzuspannen, damit ihre Märchenkarawanen ein artgerechtes Umfeld bekamen.

Auch ich konnte sie mittlerweile sehen. Zwischen den Schneeflocken, die der Himmel über Norddeutschland entlud, wogte die prächtigste Karawane, die jemals durch den Orient zog, und jeder, der sich ihr anschloss, wurde zum reichsten Mann der Welt. Dabei ging es mir nicht um Geld, oder besser, nicht nur um Geld, oder noch besser, es ging mir um mehr als Geld, denn Geld beweist nur die Kommunizierbarkeit einer Idee.

Natürlich war das ein Irrtum. Hätte ich damals gewusst, was ich heute weiß, müsste ich sagen, es war keine Idee, weder eine große noch eine kleine, die auf der Heimfahrt durch den Schnee in mir wallte, sondern etwas ungleich Wertvolleres, aber auch ungleich Fragileres. Ein Traum ward geboren in dieser Nacht. Ein Traum, der sich wie eine Idee verkleidete und bereits zu einem Plan zu transformieren schien, und sobald mich der Schrott-Peugeot nach Haus geklappert hatte, rief ich Endi Effendi an und sagte ihm, dass ich aus dem Leben der Märchenerzählerin ein Drehbuch machen und ihre Märchen als zweite Ebene mit in den Film einfließen lassen wolle, und schlug ihm vor, mit ins Boot zu kommen. Er lachte und sagte, er sei schon drin, aber er nehme mich gern mit, außerdem sollten wir noch Chris mit ins Boot holen, aber es ihm gegenüber anders formulieren, sonst würde auch er sagen, es sei seins und er hole uns mit hinein. Und Chris habe in jedem Fall die besseren Argumente, denn er sei kürzlich in ein Dorf am Chiemsee gezogen, und in dem Haus, das er dort gemietet habe, habe er in einem alten Schreibtisch verblichene Schwarz-Weiß-Fotografien eines kleinen Mädchens vor dem Hintergrund von Istanbul gefunden sowie verblichene Schwarz-Weiß-Fotografien derselben Person als alte Dame mit Stock am Chiemsee, auch Fotos von ihrem Vater und dem Sultan und ein paar handgeschriebene Briefe und Aufzeichnungen. Die »Perlenkarawane« allerdings sei mit der Maschine geschrieben worden. Nee, ohne Chris gehe es nicht, und ich sah das ein.

Am Abend rief Endi Effendi zurück.

»Ich habe mit Chris gesprochen. Er schlägt vor, dass wir uns Silvester an ihrem Grab treffen.«

Der Ort, in dem die Märchenerzählerin für immer ruht und Chris seit Kurzem wohnte, heißt Marquartstein und liegt im Chiemgau, zehn Kilometer entfernt vom See. Man kommt auf der Autobahn A8 München – Salzburg hin, dann Abfahrt Bernau und weiter auf der B 305 Richtung Reit im Winkl, und schon ist man im Friedhof der Pfarrkirche Zum kostbaren Blut. Ihr Grab ist unscheinbar, aber gut gepflegt, ein gusseisernes Kreuz mit orientalischen Ausschmückungen bewacht es. »Selig sind, die in dem Herrn sterben«, steht dran, ansonsten scheint das Grab ein namenloses zu sein, erst wenn man eine kleine Klappe an dem Kreuz öffnet, weiß man, wen man unter sich hat.

Hier ruht die Märchenerzählerin
Elsa Sophia von Kamphoevener.
1878–1963

Mehr nicht.

Kein Mausoleum, kein Denkmal, keine Tafel mit den Eckdaten ihrer Abenteuer. Am Grab von Lawrence von Arabien ist mit Sicherheit mehr los. Aber Lawrence machte Geschichte, und Elsa erzählte nur welche. Ihr Ruhm überdauerte ihr Leben nicht. Das ist ungerecht, und wir beschlossen, das zu ändern. Drei Brüder, ein dicker, ein dünner und ein noch dünnerer, ließen deshalb in der letzten Nacht des Jahres 1981 drei Raketen über das Grab der Baronin in den Winterhimmel zischen und verabredeten bei schneegekühltem Champagner, das Drehbuch in den nächsten zwei Wochen gemeinsam zu schreiben. Der Zeitrahmen kam vom dünnsten, denn Chris war unter uns der einzige aus der Branche. Er drehte Dokumentarfilme, solche Leute schreiben Drehbücher auch in einer Woche, außerdem arbeiteten wir bei ihm, also in dem Haus, in dem unsere Heldin die letzten zwanzig Jahre ihres Lebens verbracht hatte, was sollte da schiefgehen? Wir konnten es sogar in drei Tagen schaffen, oder noch schneller. Die Kamphoevener hätte für die Geschichte ihres Lebens auch nur eine Nacht gebraucht. Das war kein Größenwahn, das war der Zeitgeist. Wir standen am Rande eines legendären Jahrzehnts, und die Achtzigerjahre lagen wie eine Goldgrube vor uns.

Zurück in Chris' Küche, legte er die Schwarz-Weiß-Fotos aus den Schubladen der Märchenerzählerin auf den Tisch, und wir begannen mit der Arbeit. Wer spielte wen? Bei ihrem Vater war es einfach. Er wurde von Kaiser Wilhelm II. nach Istanbul geschickt, um dem Sultan bei dessen Kampf gegen den Rest der Welt als Militärberater beizustehen. Der deutsche Kaiser war der einzige Freund, den der Sultan noch hatte, und der Vater der Märchenerzählerin war ein Teil des Freundschaftsvertrags.

Sein Foto zeigte einen orientalisierten preußischen Offizier in der Paradeuniform eines Marschalls der osmanischen Armee. Den Bart gezwirbelt nach wilhelminischer Art, auf dem Kopf den Türkenhut, einen Teppich voller Orden an der Brust und zwei Seelen innen drin, die okzidentale und die orientalische, die sich aber prächtig miteinander verstanden, weil der Marschall Louis von Kamphoevener Pascha sich von jeder Welt das Beste nahm, und dafür kam natürlich nur Sean Connery infrage.

Für Sultan Abdülhamid II. aber brauchten wir mehr als einen charismatischen Weltstar im richtigen Alter, für den musste ein schauspielerisches Kaliber aus der Shakespeare-Liga her, denn wir sahen auf seiner Fotografie das verblichene Antlitz eines Mannes, von dem man nicht auf Anhieb weiß, wie er drauf ist. Seine Gesichtszüge wirken grausam, aber in seinen Augen liegt eine Schwermut, die man mögen kann. Elsa Sophia sprach zwar immer gut von ihm, aber das würden die 300 000 während seiner Regentschaft massakrierten Armenier so nicht unterschreiben. Die englische Regierung auch nicht. Sie hatte ihn »den fürchterlichen Türken« genannt, doch das konnte auch britische Propaganda gewesen sein. Vielleicht hatte der Sultan, wie er selbst verlauten ließ, mit den Pogromen wirklich nichts zu tun, aber er hätte sie verhindern können. Oder nicht? Wenn seine Wesire und Generäle ohne sein Wissen, aber in seinem Namen ein Volk abgeschlachtet hätten, dann würde man seinen schwermütigen Blick verstehen.

Außerdem war er der Letzte seiner Art, und er wusste es. Das letzte Glied einer Herrscherkette, die 600 Jahre lang nicht gerissen war, sah das größte Weltreich des Orients untergehen. Der Krieg mit dem Zaren hatte das Schwarze Meer und die östlichen Provinzen gekostet, die Engländer nahmen Ägypten, die Franzosen Marokko und den Libanon, und dass die Europäer und Russen nicht gleich das ganze Reich unter sich aufteilten, hatte Abdülhamid ausschließlich seinem diplomatischen Talent zu verdanken, mit dem er seine Feinde gegeneinander ausspielte, um Zeit zu gewinnen. Aber auch die Balkanvölker standen auf und wollten Freiheit, die Griechen sowieso, das Imperium der Sultane brannte an allen Ecken und Enden, und Abdülhamid II. wusste, dass er es sein würde, der das Licht ausmacht, und als ob das alles noch nicht reichen würde, um seinen Gesichtsausdruck zu verstehen, war der Sultan privat und persönlich auch noch ein bisschen paranoid. Er traute keiner Frau und keinem Diener. Er fürchtete, alle wollten ihn vergiften. Wer konnte so einen Typen spielen? Und wer hatte eine so große Hakennase? Und wer war als Grieche wie auch als Türke vorstellbar? Natürlich nur Anthony Quinn.

Nun zu den Problemfällen. Wer spielte Fehim Bey? Wer war Fehim Bey? Und wie sah Fehim Bey aus? Es gab keine Fotos von ihm. Auch keine Zeichnung. Der Mann, von dem unsere Heldin an den Feuern der Karawansereien das Erzählen lernte und der ihr all seine Märchen schenkte, als er in Rente ging, blieb im Großen und Ganzen unserer Phantasie überlassen.

Endi Effendi nutzte die Chance, um endlich sein Wissen über die zentralasiatischen Schamanen auszupacken, denn ohne die Wurzeln von Fehim Beys Erzählkunst zu kennen, könnten wir uns unmöglich ein vollständiges Bild von ihm machen. Folgendes kam bei Endi Effendis Vortrag heraus:

Die frühen Turkstämme lebten im heutigen Staatsgebiet der Mongolei. Ihre Religion war der Schamanismus, ihre Priester waren die Schamanen. Im Gegensatz zu den Gottesmännern anderer Religionen ging es ihnen nicht so sehr darum, die Gläubigen auf das Jenseits vorzubereiten, sondern sie im Diesseits gesund und munter zu halten. Ihre spirituelle Mission war das Heilen, ihre Methode die Zauberei. Sie rieten, zum Beispiel, einem chronisch Kranken dazu, andere Kleidung zu tragen. Andere Farben, andere Muster. Grün statt Blau und Karos statt Streifen, und ein paar Wochen später war er gesund. Oder sie schnappten sich sein Herz mit Trommeln. Schlugen sie zunächst, wie sein Herz schlug, und wenn Herz und Trommeln eins geworden waren, veränderten sie langsam, ganz langsam den Rhythmus. Damit brachten sie die hyperaktiven Zentralorgane runter, die phlegmatischen hoch und die stockenden in Fluss. Und eine dritte Lieblingsmedizin der zentralasiatischen Schamanen waren Geschichten, deren Zauberei darin bestand, den Kranken auf andere Gedanken zu bringen oder gewohnte Gedanken auf andere Bahnen. Ganze Gedankenkarawanen wurden umgeleitet und zu neuen Ufern gebracht.

Erkenntnis befreit, und Befreiung heilt. Und wer Endi Effendi kannte, weiß, dass er jetzt nicht mehr so einfach zu stoppen war, denn mit der Völkerwanderung der Turkstämme wanderten auch die schamanischen Geschichten von Zentral- nach Vorderasien, wo sich die Mystiker des Islam ihrer annahmen. Sie nannten sich Sufis, und die Schamanen hießen jetzt Derwische, und weil viele von ihnen hauptberuflich auch Märchenerzähler waren, schien Endi Effendi der Gedanke nicht abwegig, dass es sich auch bei Fehim Bey nicht um einen verlausten Märchenonkel handelte, sondern um einen Heiler, der seine Geschichten wie Gedankenschrittmacher in die Gehirnwindungen seiner Zuhörer einpflanzte, oder sollte man sagen, wie Traumschrittmacher? Darüber hinaus erfüllte er natürlich auch alle anderen Aufgaben, die der Beruf eines türkischen Geschichtenerzählers verlangte:

1. wachhalten
2. unterhalten
3. unterrichten
4. berichten

Zu 1.: Die Wächter der Karawanen durften nicht einschlafen. Für diese Klientel gab es extralange Geschichten, zum Beispiel die »Perlenkarawane«.

Zu 2.: Erklärt sich eigentlich aus 1.

Zu 3.: Kinder wie Erwachsene bedurften hin und wieder des Unterrichts in der Schule des Lebens. Religionsunterricht, Sozialkunde, Eheberatung, Orientknigge – die Märchen deckten alles ab.

Zu 4.: Die Märchen der Osmanen stammten aus allen Teilen ihres Reichs, und das war zwar nicht ganz so groß wie die Welt, aber seine Grenzen verliefen immerhin durch drei Kontinente. So erfuhr das Publikum im Kaukasus und in Kleinasien, wie es in Nordafrika aussah, und an den milden Gestaden der Levante hörte man Geschichten aus Südosteuropa.

Man könne all das auch kürzer sagen, meinte ausgerechnet Endi Effendi: Die alten türkischen Märchen waren das Kino der Nomaden, und aufgeführt wurde es jeden Abend in den Karawansereien. Die Herbergen des osmanischen Fernverkehrs hatten Mauern wie Burgen und hohe Tore für die Kamele, und drinnen fand der müde Nomade alles, was er begehrte: Ställe für die Tiere, Schlafräume, Gastronomie. Es gab Schuster, Ärzte und Barbiere, und es gab keinen Streit. Das war Punkt 1 der Hausordnung: Feinde müssen nicht Freunde werden, aber sie dürfen nicht aufeinander losgehen, solange sie den Schutz der Karawanserei genießen, und tun sie es doch, fliegen beide raus.

Die Märchenerzähler hatten in den Karawansereien ihre eigenen Feuer und eigenen Gesetze, aber ihre Strafen fielen ähnlich aus. Wer die Geschichten eines anderen erzählte, machte sich des Märchendiebstahls schuldig. Das führte zum Ausschluss aus der Gilde und beinhaltete das Erzählverbot in der Karawanserei. De facto kam das einem Berufsverbot gleich, denn die Karawansereien waren nun mal ihr traditioneller Arbeitsplatz. Außerdem war es verboten, die Geschichten aufzuschreiben, und ein drittes Gesetz der alttürkischen Märchenerzählergilde lautete, dass Anfang, Mitte und Ende der Geschichten niemals verändert werden durften, aber dazwischen konnte jeder so viel spinnen, wie er wollte.

Die ersten beiden Gesetze schützten die Rechte und das Überleben der Erzähler, das dritte schützte die Märchen, und nun müsse man, frohlockte Endi Effendi, doch noch mal auf das erste Gebot zurückkommen. Jeder erzählte nur seine Geschichten, und dass es seine waren, bewies ein Ring, der den Träger für sein Repertoire autorisierte. In der Regel wurde er von Vater zu Sohn weitergegeben. Aber Fehim Bey hatte keine Söhne, darum gab er den Ring an seinen besten Schüler weiter, der eine als Mann verkleidete deutsche Baronin war, aber wenn ihr mich fragt, so Endi Effendi, hat er ihre Verkleidung durchschaut. Sie begleitete Fehim Bey jahrelang, und große Erzähler sind große Menschenkenner.

Wollte Endi Effendi damit andeuten, dass die beiden gepoppt haben? Natürlich nicht. Wir saßen in Chris' Küche, und das war die Küche, in der auch unsere Märchenerzählerin lange Jahre gesessen hatte, deshalb behandelte der Vortragende das Thema weiter mit Respekt. Endi Effendi vermutete eher eine versteckte platonische Liebesgeschichte, denn Fehim Bey war zwar in dem richtigen Alter für junge Mädchen, aber nicht in der richtigen gesellschaftlichen Position. Ihm wurde die Verkleidete als Spross einer mächtigen Familie aus Istanbul vorgestellt, und davon lässt man die Finger, im Märchen wie in der Realität, und was Elsas Potenzial für romantische Gefühle zu älteren Herren anging, wies Endi Effendi darauf hin, dass ein Altersunterschied von schätzungsweise dreißig Jahren keine Rolle für eine unter Zwanzigjährige spielt, wenn der Mann gut erzählen kann.

Endi Effendi schlug deshalb vor, dass Omar Sharif die Rolle von Fehim Bey kriegte, und wir nickten das ab, denn Omar Sharif machte an allen Feuern eine gute Figur, und Omar Sharif würde auch wissen, wie man mit einem Blick und einem Lächeln von der unerfüllten Liebe zu einer verkleideten Frau erzählen konnte.

Die Nebenrollen waren also flugs besetzt, die Arbeit ging voran, nur für die Hauptrolle fiel uns nicht sofort jemand ein, denn sie führte durch sämtliche Jahreszeiten eines Lebens und musste vierfach besetzt sein, als Kind, Mädchen, Frau und alte Schachtel, und weil das jetzt einfach zu viel verlangt war, verschoben wir die Besetzung der Hauptrolle auf den nächsten Tag, und am nächsten Tag vergaßen wir sie oder stuften ihre Priorität anders ein, denn Endi Effendi wollte nun über orientalische Ornamentik referieren, weil die Türken bekanntlich ihre Märchen wie ihre Teppiche weben, und Chris wollte bis zum Mittagessen die erste Szene geschrieben haben, und weil ich seinen Vorschlag entspannender fand, als Professor Endi Effendi Paschas Strickanleitung für fliegende Teppiche zu lauschen, stimmte ich Chris zu, und der Ärger begann. Jeder der drei Brüder sah einen anderen Anfang. Auf den auch leider jeder der drei Brüder bestand.

Die drei Anfänge

Mein Anfang:

»Europa, 1942«.

Kriegspanorama im Novemberwetter. Es regnet, es dunkelt, der Horizont glüht, dumpfe Detonationen einschlagender Granaten ersetzen die Musik. Ein Kübelwagen quält sich über einen Feldweg zur Etappe. Ein sympathischer Offizier (Armin Mueller-Stahl) lenkt ihn. Er raucht, er flucht, der Weg ist schwer. Scheinwerferkegel hüpfen über Querrillen, Schlaglöcher, Schlamm und Pfützen. Ein Dorf taucht auf. Zerschossene Häuser, rauchende Ruinen, dazwischen dampfende Gulaschkanonen. Landser laufen herum oder sitzen auf Holzblöcken und tun, was Landser tun, wenn sie sich ausruhen. Essen, Karten spielen, Waffen reinigen. Militärlastwagen stehen zwischen den Häusern, zwei, drei Schützenpanzer, ein Motorrad, ein paar Munitionstransporter.

Armin Mueller-Stahl stellt den Wagen ab und geht über den Dorfplatz auf ein Haus zu, dessen Frontseite zum größten Teil weggeschossen ist. Hier arbeitet der

Bataillonsstab. Posten stehen davor und salutieren. Im Haus sind ein Funker, ein Melder, und hinter einer Kiste, die ihm als Schreibtisch dient, sitzt der Adjutant des Kommandeurs. Petroleumlampen beleuchten die Szene. Im Zimmer nebenan wird laut telefoniert.

Armin Mueller-Stahl salutiert vor dem Adjutanten, der, über seine Kiste gebeugt, Zahlenkolonnen studiert. Er sieht kurz auf.

»Wer sind Sie? Was wollen Sie?«

»Hauptmann Stahl, von der Truppenbetreuung der 1. Grenadierdivision. Ich habe den Auftrag, Frau von Kamphoevener abzuholen. Wo finde ich sie?«

Der Adjutant lässt seine Zahlenkolonnen liegen, er schaut jetzt interessiert.

»Die Märchentante? Sie wird im Lazarett sein. Eine Schande, dass sie weitermuss. Die Frau ist fast so gut wie Morphium.«

Das Feldlazarett ist in der Schule untergebracht. Die ist auch ganz schön zerschossen. Armin Mueller-Stahl grüßt im Gang eine Krankenschwester, öffnet eine Tür und betritt ein großes ehemaliges Klassenzimmer. Die Fenster haben keine Scheiben, Segelplanen verdecken sie, auch die Löcher in den Wänden und das große Loch im Dach sind mit Planen so gut wie möglich dicht gemacht. Die Planen schlagen im Wind. Licht flackert aus Petroleumlampen, ein paar Kerzen brennen. Die Verwundeten liegen auf Feldbetten oder haben sich auf die Seite gedreht, einige hocken auf den Liegen und rauchen. Alle sind still und hören der Frau zu, die in der Mitte des Raums auf einer leeren Munitionskiste sitzt. Sie ist Anfang sechzig und trägt einen schweren, langen Mantel der Wehrmacht. Ihre Stimme ist warm und tief. Armin Mueller-Stahl lehnt sich neben der Tür an die Wand und hört wie die anderen im Raum der Märchenstimme zu, die das entfernte Stakkato der Maschinengewehre und die ewigen Detonationen mühelos verdrängt. Aber es ist nicht nur ihre Stimme, diese Frau kann mit den Augen Frage- und Ausrufezeichen setzen, mit ihren Händen Sandstürme bewegen und jedes Gesicht der Geschichte auf ihr eigenes legen, sogar die Gesichter der Kamele.

Sie erzählt von einer Karawane mit grünen, blauen, roten und gelben Satteltaschen. Die Farben repräsentieren die Edelsteine, die in den Taschen sind. Aber die Karawane transportiert auch Unmengen von Perlen. Sie wurden an Seidenschnüren aufgezogen, und wenn sich eine der Satteltaschen durch das ewige Gewoge öffnet, geben sie die Perlenschnüre frei, die dann langsam herabgleiten und sich um die Beine der Kamele wickeln.

Im Publikum ist, wie gesagt, niemand ohne frische Schusswunden. Jede Art von Verwundungen. Kopfverbände, verstümmelte Arme, Beinamputierte, und wir trumpfen mit Nahaufnahmen von den Bedauernswerten, die alle trotz ihrer Leiden schöne Augen haben. Ein Glanz liegt auf ihnen, wie ein Vorhang zwischen den

Welten. Öllampen flackern, das Flackern wird diffuser, bis es nur noch jenes Flimmern ist, das die Hitze der Wüste in der Luft kreiert, und durch das Flimmern leicht transzendiert, kommt uns die Perlenkarawane entgegen.

MUSIK:

Flöten, Trommeln, türkische Laute.

TITEL:

»Kamerad Märchen«.

Die Credits fließen ein, Sean Connery, Omar Sharif, Anthony Quinn, Armin Mueller-Stahl, und wenn der Name der Schauspielerin an der Reihe ist, die unsere Märchenerzählerin mit sechzig spielt, kommen wir zurück in den Krieg und zurück zu ihrem Gesicht, jetzt aber nicht im Lazarett, sondern im Kübelwagen. Armin Mueller-Stahl bringt sie zu ihrem nächsten Job. Wieder Regen, Geschützfeuer und stürmende Wolken, wieder Schlamm, Querrillen und entgegenkommende Militärfahrzeuge, wieder Flüche und Zigaretten. Die Märchenerzählerin raucht mit, und natürlich will Armin Mueller-Stahl von ihr wissen, warum sie deutschen Landsern türkische Märchen erzählt und warum sie das so gut kann und wo sie es gelernt hat und von wem, und die Märchenerzählerin sagt: »Das ist aber eine lange Geschichte, Herr Hauptmann.«

Und Armin Mueller-Stahl antwortet: »Keine Sorge, Frau Baronin. Wir haben die ganze Nacht.«

Endi Effendis Anfang:

»Istanbul, 1888«.

»Wisst ihr, wie der Sultan des Osmanischen Reiches seine Palastgärten zu beleuchten pflegte, wenn er ein Fest gab?«

Die Märchenerzählerin spricht. Man sieht sie nicht. Man hört nur ihre warme, tiefe Stimme.

»Er ließ auf den Panzern von 2000 Schildkröten Kerzenlämpchen anbringen. Langsamer hat sich Licht nie bewegt.«

Vorhang auf. Eine leuchtende Schildkröte schleicht an diamantenbesetzten Türkenpuschen und golddurchwirkten Beinkleidern vorbei. Und schon ist da noch eine schleichende Lichtkröte zu sehen, auch mal zwei, drei und vier oder unterwegs als Fünfergruppe, und bei denen ist es heller. Die Schildkröten sind die Bodenbeleuchtung, den Luftraum ab 1,70 Meter beherrschen wie Stehlampen positionierte Feuerspucker und eine Sonderzüchtung Glühwürmchen.

Die Schildkröten und die Feuerspucker sind historisch belegt, die dressierten Glühwürmchen filmische Freiheit, und die Tiger, Affen, Elefanten, Riesenschlangen und Giraffen, die hinter ihren Gittern zum Teil brüllend mitfeiern, zeigen schon wieder die Realität von Tausendundeiner Nacht Ende des 19. Jahrhunderts in Istanbul. Wie jeder Mensch, der Menschen misstraut, liebte Sultan Abdülhamid II. die Unschuld und Wahrhaftigkeit der Tiere, deshalb schenkten ihm die Abgesandten der Maharadschas und Mogule gern das Wildeste ihrer Welten für den Privatzoo in seinen Palastgärten, und was das Gästeprofil seiner Feste betrifft: Hier tut man einfach so, als wäre seit dem 16. Jahrhundert nichts geschehen und das Osmanische Reich noch immer ein prachtvoller Vielvölkerstaat mit aller Art Nasen, Hautfarben und Hutmoden. Albanische Herzöge, bulgarische Khans, russische Fürsten, arabische Scheichs, ägyptische Prinzen, die Bosse der Berber, der Adel der Levante, die Könige aus dem Jemen und dem Sudan und natürlich die Wesire und Großwesire, die Marschälle und Janitscharengeneräle, die Paschas und Beys unserer türkischen Gastgeber mischen sich zu einer großosmanischen Turban-Party, in der sich die Botschafter Frankreichs und Englands wie grinsende Krokodile bewegen.

»Wer die größten Turbane trägt, hatte mal die größte Macht«, sagt der grinsende britische Diplomat und verzichtet darauf, das »mal« zu betonen, denn er weiß um die intellektuellen Fähigkeiten seines Kollegen. »Da haben Sie recht, Mylord«, antwortet der Franzose, »und was halten Sie davon, den Bau der Bagdadbahn ein bisschen zu sabotieren? Außerdem würde ich gern ihr Beleuchtungssystem exportieren. Das müsste doch auch mit kleinen Schildkröten und kleinen Kerzen gehen. Mein Frau wäre hingerissen von der Idee.«

Schnitt. Wir sehen das Pariser Schlafzimmer des französischen Gesandten, durch das 24 kleine Schildkröten mit kleinen Kerzen schleichen, während seine Frau mit dem Gärtner fickt. Dass es seine Frau ist, machen wir durch Untertitel klar, und sie schreit wirklich hingerissen: »Jaaaaaaaaaaaaaaa …«

Schnitt zurück. Wir sind wieder auf der Party am Bosporus, aber der Schrei der Französin im fernen Paris hallt noch immer zu uns herüber, und das passt auch ganz gut zu den türkischen Trommeln, die nun immer lauter werden, und den Derwischen, die sich immer schneller um ihre eigene Achse drehen, und den Bauchtänzerinnen, Schwertschluckern und Salto mortale schlagenden Pluderhosenartisten, und just, als zwei Fußsohlen nach einem Dreifachsalto wieder auf den Boden treffen, finden wir auch die Riesenschildkröte vom Anfang wieder. Nun könnte man einwenden, dass zwar in den Augen einer Riesenschildkröte keine Riesenschildkröte wie die andere aussieht, aber für menschliche Augen besteht da kaum ein Unterschied, und weil das stimmt, trägt unsere Riesenschildkröte kein blaues Öllämpchen wie die anderen, sondern ein rotes auf ihrem Panzer, und wir folgen der schleichenden Bodenlampe, weil sie uns nunmehr direkt zu Sean Connery und seinem reizenden Töchterchen führt, damit die Geschichte beginnen und endlich der Titel eingeblendet werden kann:

»Die Märchenerzählerin«.

Chris' Anfang:

»Bayern, 1945«.

Der Zweite Weltkrieg ist seit ein paar Monaten zu Ende. Die Österreicher deportieren Deutsche aus ihrem Land. Sie bringen sie zur Grenze und lassen sie laufen, egal wohin.

Der Herbst macht den Harten. Wind, Regen, am Himmel eine Wolkendecke, so grau wie Beton. Davon abgesehen, ist es eine liebreizende Gegend. Berge, Wälder, Wiesen, aber, wie gesagt, Scheißwetter. Eine Frau geht eine Landstraße entlang. Sonst ist kein Mensch zu sehen. Sie ist jetzt Mitte sechzig, trägt einen langen Mantel aus einfachem, aber solidem Stoff, ihre Schuhe sind ein bisschen bedenklich, weil a) kaputt und b) zu leicht für den Anlass, aber man sieht, dass sie wandern kann. Sie geht wie ein Mensch, der es gewohnt ist, seine Beine als Fahrzeug zu akzeptieren. Sie wirkt weder verzweifelt noch verloren, obwohl sie offensichtlich alles verloren hat. Das wenige, das sie noch besitzt, trägt sie in einem Beutel und den Manteltaschen. Ein paar Schnitte, ein paar kurze Einblendungen von Wegen, die sie in ihrem Leben schon gegangen ist, deutlich jünger, aber derselbe Gang, anatolische Wege, Wüsten, das wilde Kurdistan, erklären den oben genannten Sachverhalt. Erinnerungen, die wie Blitze sind, keine lange Sequenzen, nur für ein paar Schritte sehen wir ihre, ich sag es noch einmal, deutlich jüngeren Füße in Steppengras oder Saharasand, dann taucht ein bayerisches Dorf am Horizont des Scheißwetters auf.

Im Dorf reagiert man unsicher auf die Frau. Man weiß, dass sie Hilfe braucht. Vor ihr kamen andere über die Grenze, und die brauchten sie auch, und nach ihr werden weitere kommen und Hilfe brauchen, und der Vorrat an Hilfsbereitschaft erschöpft sich schnell, wenn man grad einen Krieg verloren hat und niemand weiß, wie es weitergeht. Aber der Dorfgasthof hat noch auf. Das Schöne an der Gastronomie ist, dass ihr Sieg oder Kapitulation egal sein kann. Immer wollen die Menschen was trinken und vor allem was essen in diesem Fall, denn die Frau ist lange gegangen. Sie ist hungrig, sie ist müde, sie ist pleite, und sie ist stolz, und die Wirtin sieht das sofort. Sie bietet ihr ein Glas Wasser an. Im Gasthof sind noch ein paar andere Gäste und löffeln Suppe; im Kamin brennt ein Feuer.

»Mein Name ist Elsa Sophia von Kamphoevener«, sagt die Fremde zur Wirtin. »Ich komme aus Österreich. Bevor sie mich über die Grenze schickten, wurde das Haus bombardiert, in dem ich schlief. Ich kam mit dem Leben davon, aber mit sonst eigentlich nichts. Ich bräuchte eine Suppe, liebe Frau, aber ich kann sie nicht bezahlen, es sei denn mit einem Märchen.«

»Einem Märchen?«

»Das ist mein Beruf. Ich bin eine Märchenerzählerin. Also, was halten Sie davon?«

»Eine Suppe für ein Märchen?!«

Unsere Heldin lächelt und sieht an der Wirtin vorbei zum Kamin. Die Flammen spiegeln sich in ihren grünen Augen.

»Nein, ein Märchen für eine Suppe«, antwortet sie.

Das kleine Kaminfeuer auf ihren Pupillen wird zu einem großen Feuer in einer Karawanserei. Der Orient sitzt im Halbkreis drum herum, Kamele schlafen im Hintergrund, Omar Sharif scheint auch zu schlafen, sein bester Schüler erzählt für ihn. Der junge Mann mit den grünen Augen hat die Kapuze seines Kaftans tief ins Gesicht gezogen, das verdeckt seine weiblichen Züge ein wenig.

»Höre, o Freund und Bruder«, beginnt er, und der Titel läuft ein:

»Die Märchenbaronin«.

Dann die Namen der Stars, von Connery bis Konsorten, der Regisseur, die Drehbuchautoren et cetera pp., und während das alles einläuft, spricht sie weiter.

»Höre, o Freund und Bruder, wenn du in deinem Geist eine wunderbare Lüge birgst, dann mache aus ihr ein Gedicht, oder ein Lachen, und reite schnell, sehr schnell, denn wer ein Lachen bringt mit dem Atem einer Lüge, der bringt ein Geschenk.«

Mira

Wann immer es ein Mensch geschafft,
dass er in Mädchen Wahrheit sah,
wurde Wahrheit für ihn mädchenhaft,
und Mädchen wurden wahr.

Eigentlich ist das Gedicht von mir. Endi Effendi hatte es nur um ein Wort verändert. Bei mir ging es um einen Menschen, der in »Märchen« die Wahrheit sah, er machte »Mädchen« daraus. Er verarschte mich. Oder hielt mir den Spiegel vor, denn ich verarschte mich selbst. Wir alle verarschen uns selbst. Dabei wäre es so einfach gewesen. Mit meinem Anfang fing der Film an, mit Endi Effendis Anfang ging er weiter, und mit Chris' Anfang hörte er auf. Aber keiner ließ von seinem Anfang los. Damit endete der erste Tag unserer Zusammenarbeit, und damit begann auch der zweite, und am dritten Tag verschoben wir die Fertigstellung des Drehbuchs auf Ostern. Das größte Fest der Christenheit brachte uns jedoch auch nicht voran, der Film rutschte auf die lange Bank.

Für meine journalistische Karriere erwies sich das durchaus als vorteilhaft. Wer weit zielt, verkrampft sich nicht im Nahbereich, und ohne Angst gewinnst du immer. Der Glückspilz, der ich war, hatte keine Angst, sondern einen Traum, und ich bezog meinen Mut und mein Selbstbewusstsein aus der Gewissheit, dass er sich erfüllen würde. Irgendwann und zur rechten Zeit würde die Karawane kommen, und ein Mann, der an seinen Traum glaubt, wird leicht verwechselt mit einem, der an sich selbst glaubt. Solche Leute kommen überall rein und können es sich aussuchen. Ich schrieb für den »Playboy«, weil er so gut wie »Geo« zahlte, aber mir seine Themen besser lagen. Geh in den Puff, amüsier dich und schreib, wie es war. 5000 Mark. Geh nach Goa und kiff dir die Birne weg. 6000 Mark. Verlieb dich auf Kreta. 5000 Mark. Besser geht's nicht. Meine Zukunft war ein Märchen, meine Gegenwart entwickelte sich märchenhaft, und das Märchen selbst gab es ja auch noch. Ich meine nicht den Film über die Märchenerzählerin, der machte auch weiterhin auf der langen Bank keinen Mucks. Ich meine das Märchen an und für sich, die Geschichte, die ich in der Berliner Winternacht zum ersten Mal gelesen hatte. Sie hüpfte immer mal wieder aus mir heraus und übernahm den Raum, und jede Frau, die mir zuhörte, verliebte sich in mich.

Das war die gute Nachricht. Die schlechte: Es lag nicht in meiner Macht. Es war nicht zu planen oder zu fokussieren. Ich konnte nicht sagen, ich erzähle jetzt mal ein Märchen, und du gehörst mir. So funktionierte das nicht. Auch nicht mit Kerzen, Räucherstäbchen und fetten Joints. Das Setting spielte keine Rolle, der Mond spielte keine Rolle, mein Wille spielte keine Rolle. Nur das Märchen entschied, wann es sich erzählen ließ. Versuchte ich, es zu zwingen, verweigerte mir die Geschichte ihre Magie. Es ging dabei nicht um Worte, Bilder, Rhythmus, Sound und die Farben der Stimme. Das konnte man alles perfekt und synchron vortragen, aber ohne die Magie kam es nicht rüber. Es kam nicht mal raus. Es war eine leere Geschichtenhülle, ein Schlauch ohne Wein. Frustrierend für den Zuhörer, und für den Erzähler zerstörerisch. Dieses Märchen hatte nicht nur ein Eigenleben, sondern auch einen eigenen Willen, aber immerhin teilten wir denselben Frauengeschmack.

Mira hatte eine weiße Haut auf einem schwarzen Körper. Deshalb meinte Endi Effendi, ihre Figur sei nicht von Gott, sondern von einem schwulen nubischen Bildhauer geschaffen. Sie brauchte nur in Jeans und T-Shirt über die Straße zu gehen, und die halbe Stadt wollte mit ihr ficken. Selbst die Hochhäuser bogen sich zu ihr hinunter. Sie hatte Katzenaugen und einen Kleopatra-Mund, und wenn sie Lippenstift auftrug, war da sofort mal die Hölle los.

Wir trafen uns zum ersten Date in einem Eissalon, und ich hatte keine schlechten Karten. Draußen stand mein neuer Wagen, delfingrau, schnell wie die Sau, orchestrierte Stereoanlage, und für das Gespräch zu Tisch hatte ich die Märchen. Ich erzählte ihr die »Karawane« bei Erdbeereis mit Sahne, danach bat ich sie in meinen Jaguar für Arme und machte mit ihr eine Spritztour durch den Freihafen. Mit »Purple Rain« von Prince und solchen Sachen schnurrten wir an den Docks entlang, bis wir auf der Köhlbrandbrücke waren und die Schiffe und schlafenden Kräne unter uns sahen. Es gibt kein besseres Panoramaerlebnis von Hamburg als eine Fahrt über die Köhlbrandbrücke während einer sternenklaren Nacht, und als wir aus dem Hafen wieder raus waren, ging es erst schnurgerade über den Straßenstrich und die Reeperbahn zu einem kurzen Champagnerumtrunk in eine Bar namens »Schwarze Wiege« und dann in meine Wohnung, in der ich den Orgasmus hinauszögerte, indem ich die Zehen streckte, mich aufs dritte Auge konzentrierte und bis tief in die Hoden atmete sowie die Neunmal-kurz-und-einmal-lang-Stoßtechnik der Chinesen praktizierte, die in der Vagina ein explosives Vakuum erzeugt, und als wir damit fertig waren und kiffend in den Laken lagen, sagte sie, dass ich mir das alles hätte sparen können, denn verliebt habe sie sich bereits bei dem Märchen.

Ihr Vater war Schriftsteller und das Klappern der Schreibmaschine die Musik ihrer Kindheit. Wenn ich schrieb, hielt sie die Klappe und fühlte sich zu Haus. Und in den Pausen machte sie, was ich wollte. Was will ein Schreiber mehr?

Endi Effendi warnte mich.

»Du glaubst doch nicht, dass du so viel Sex haben kannst, wie du willst, ohne irgendwann dafür bezahlen zu müssen.«

Ich hielt das für Neid und hatte recht damit, aber sein Neid machte die Wahrheit nicht weniger wahr. Mira war gefährlich für mich. Und ich war eine Gefahr für sie. Es war die klassische Schicksalsglockenbeziehung, und sie läuteten nicht nur im Bett. Wir gingen auch ins Kino und tanzen und fuhren mit dem Auto von Miami nach L.A. auf der Südroute durch Florida, Alabama, Georgia, Texas, Arizona und Nevada sowie mit dem Bus durch Mexiko und mit dem Zug durch Thailand und Malaysia, und »Tempo« finanzierte diesen Ritt auf der Wurzel-Chakra-Energie.

Ich warf mit Reisegeschichten und Porträts quasi um mich. Es war kinderleicht. Mit Mira bekam ich jeden Interviewpartner. Selbst Leute, die sonst Journalisten verprügeln oder auf sie schießen, knickten vor ihr ein. Wir bekamen nicht nur Hunter S. Thompson und Mickey Rourke, wir wurden auch beide fast nicht wieder los. Dasselbe galt für die Interviewpartnerinnen. Mira kitzelte deren lesbisches Potenzial heraus, ohne dafür irgendetwas zu tun. Ihre Präsenz reichte, und für den Rest der Welt reichte unsere Traumpaarkonstellation. Die Königsklasse des Yin und Yang wird selten mit Neid befleckt, weil jeder weiß, dass sie ein Wunder ist und maximal einmal im Leben vorkommt. Die Strahlkraft unseres Glücks strahlte von allen Tankwarten, Nachtportiers, Polizisten und Dealern unserer Roadmovies auf uns zurück, sowie von allen Nachbarn, Bäckern und Eisverkäuferinnen zu Hause, und als 1988 nach zwei großen Jahren, drei großen Reisen und einem großen Fehler der Tag anbrach, den Endi Effendi vorausgesehen hatte, war halt der Ofen aus. Der Fehler war groß genug für die Trennung, und mehr mag ich darüber nicht schreiben, weil er a) noch immer für mich unbeschreibbar ist, und b) ist er hier auch nicht das Thema. Männer verlieren Frauen hin und wieder, so what. Und Männer verlieren auch Frauen, die sie verlieren wollten, weil ihnen ihre Freiheit wichtiger ist. Außerdem verlieren Männer Frauen, weil der Teufel sie ritt. Unterm Strich geht ihnen der Arsch auf Grundeis.

Und wieder schien mich das Märchen zu retten. Es hüpfte in einem Restaurant aus mir heraus, in dem ich mit Endi Effendi und dem Manager einer privaten Handelsschule zu Tisch saß. Wir hatten für seine PR-Seminare eine Broschüre erstellt und wollten das feiern, aber leider musste ich immer weinen, weil mir Mira so fehlte. Der Manager akzeptierte das, weil er zu den Leuten gehörte, die jeden überhöhen, der sich für die Liebe und gegen den Kommerz entschieden hat, aber plötzlich hörte ich auf zu weinen und sagte: »Wissen Sie was, ich erzähle Ihnen jetzt mal eine Geschichte von geradezu märchenhaftem Kommerz«, und rums, kam die Karawane daher. Auch Endi Effendi, der grundsätzlich eifersüchtig reagierte, wenn ich die Geschichte vortrug, kam irgendwann damit klar, dass ich der bessere Erzähler war, und als ich das Märchen beendet hatte, schob ich den Lebenslauf der Kamphoevener hinterher, plus meinen Anfang für den Film, und noch bevor Endi Effendi seinen Anfang erzählen konnte, schenkte uns der Manager 9000 Mark. Dafür wollte er das Drehbuch sehen.

Ich hatte darauf nicht spekuliert. Es war nicht mein Plan. Das ist einfach so passiert, aber Endi Effendi sah mich trotzdem komisch an, und als wir wieder unter uns waren, stellte er klar, wie es diesmal laufen würde. Wir machten es zu zweit, wir machten es richtig, und wir machten es in Kairo. Das war eine gute Idee. Sonne, Shisha, Turbane und kein Bett, in dem sie unsichtbar noch immer auf ihrer Seite lag, kein Kissen, das man statt ihrer streicheln mochte, weil ihr Duft noch an ihm klebte. Darum nahm ich Endi Effendis Vorschlag sofort begeistert an, obwohl mir seine Beweggründe nicht ganz koscher vorkamen. Um Derwischgeschichten zu erzählen, sollte man erst mal Derwische verstehen, und um sie zu verstehen, müsse man nach Kairo, wo heutzutage die stärksten Derwische seien. In der Türkei habe sich seit Atatürk nicht nur der Islam, sondern auch der mystische Islam zurückentwickelt, am Nil aber stehe er in seiner Blüte. Weil Endi Effendi ein paar Tage brauchte, um reisefähig zu werden, und ich mich wie eine durchgeknallte Hornisse fühlte, flog ich vor. Das war keine gute Idee.

Liebeskummer macht schwach, und selbst in einer Stadt mit der weltweit höchsten Derwischdichte gibt es noch ein paar Millionen Nichtderwische, und dann kommst du als Fremder und gehst als Feind, weil du den hungrigen Raubtieren die Schuld daran gibst, dass du dich ihnen zum Fraß vorgeworfen hast. Lässt du dich am Flughafen wie ein welkes Blatt ins Taxi fallen, ist es egal, ob du bereits ein Hotel reserviert hast oder nicht. Der Fahrer bringt dich auf jeden Fall in die Absteige seiner Wahl, weil er nur dort eine Provision kassiert. Du erträgst das Zimmer kaum und gehst auf die Straße, um dich wie ein Stück Treibholz dem Menschenfluss zu übergeben, und wenn du irgendwo strandest und das Stehen bleiben nennst, nützt dir auch das so viel wie ein Vogelschiss, es ist einfach erbärmlich, wenn da kein anderer Wille mehr in dir ist als der, auf der Stelle tot umzufallen.

Ein netter junger Ägypter legte seine Hand auf meine Schulter und wollte wissen, warum ich Tränen vergoss, und ich sagte es ihm. Bei Liebeskummer ist drüber reden die einzige mildernde Medizin. Jussuf brachte mich in eines der ganz wenigen Lokale, in denen es Alkohol gab. Er war wie ein Bruder zu mir, er verstand und war bis in die Haarspitzen mit Mitgefühl erfüllt, er nannte mich verrückt, aber er sagte es mit dem Respekt, den jeder Märtyrer der Liebe verdient. Und erst nach Stunden gab er sich als Leidensgenosse zu erkennen. Es fing in seinen Augen an. Sie begannen meinen zu ähneln.

Keine Tränen, nur ein tränenfeuchter Vorhang zog sich über sie. Es ging um eine Maria, und sie war Italienerin.

Jussuf liebte sie, und sie liebte ihn, aber sie konnten nicht zusammenkommen, weil Maria mit einem reichen Ägypter verheiratet war, der sie im Übrigen schlug. Jussuf wollte sie gern entführen, aber er wohnte bei seinen Eltern und hatte kein Geld. Er konnte sich ja nicht mal ein Hotelzimmer leisten. Die Solidarität unter Liebeskranken führte dazu, dass ich für ihn in meiner Absteige ein Zimmer anmietete. Maria kam ein paar Stunden später, lange Haare, große Augen, schlank und schön, aber auch ein bisschen, wie soll man sagen, vom Drama verlebt. So sehen Frauen aus, die geschlagen werden oder Drogen nehmen. Jussuf verschwand mit ihr im Zimmer und kam später allein wieder raus. Maria blieb. Sie wollte nicht zurück zu ihrem Mann, was ja wohl jeder versteht. Ich sagte ihr, sie solle sich keine Sorgen machen, ich würde das Zimmer gern auch 'ne Woche lang zahlen, dafür hörte sie sich gerne meine Mira-Geschichte an, bis ein Freund von Jussuf kam, um ihr Gesellschaft zu leisten. Später kam einer ihrer Freunde, und so ging es auch den nächsten Tag, der Freundeskreis der beiden kümmerte sich rührend um sie, und Endi Effendi fiel aus allen Wolken, als er vier Tage später in Kairo eintraf.

»Wieso bezahlst du eigentlich von unserem gemeinsamen Drehbuchvorschuss einem ägyptischen Zuhälter das Zimmer, in dem seine Hure anschaffen geht?«

Keine Antwort.

»Und wieso weißt du nicht, dass Jussuf der arabische Name für Josef ist? Du erzählst ihnen deinen Herzschmerzscheiß, und sie heißen plötzlich wie das bekannteste Liebespaar der Christenheit.«

Auf der Stelle war Schluss mit der Kostenübernahme für Maria und Josef in unserem Hotel und Schluss mit dem täglichen Taschengeld, das ich dem Zuhälter zugesteckt hatte, damit er mit seiner italienischen Hure was essen gehen konnte, und es dauerte dann auch nur noch einen Tag länger, bis mit Kairo ebenfalls Schluss war. Endi Effendi hatte die Stadt als Drehbuchherstellungsort wegen der Derwische und der Wärme gewählt, darüber hinaus gehörte sie mal zum Osmanischen Reich, war also thematisch nicht verfehlt, aber Anfang Januar ist es selbst in Nordafrika draußen zwar nicht so kalt wie in Nordeuropa, aber doch recht kühl, und drinnen ist es kälter als bei uns, weil die Heizungen nicht funktionieren oder, wenn sie doch funktionieren, dann zu schwach. In Südägypten war es wärmer, und Derwische gab es da auch, ja, wenn er es recht bedenke, sagte Endi Effendi, seien die Mystiker des Islam an der Grenze zum Sudan sogar geeigneter für unsere Zwecke, denn sie seien magischer eingestimmt als ihre Kollegen in Kairo, außerdem sei dort jeden Freitag der größte Kamelmarkt Ägyptens. Tausend Karawanen kämen pro Jahr aus dem Sudan. KARAWANEN! Mit dem Wort war es gesagt und getan. Wir nahmen den Nachtzug nach Assuan.

Wie Endi Effendi Moslem wurde und was dann passierte

Endi Effendis blaue Augen wurden zu Brunnen der Treuherzigkeit, als er mir eine Dattel gab und mich bat, sie noch nicht in den Mund zu stecken.

»Lass mich dir bitte erst erklären, was eine Dattel ist. Sie ist die Frucht, die überall dort wächst, wo sonst nichts mehr wächst. Und sie wächst das ganze Jahr über. Das macht sie zur Mutter der Derwische.«

Endi Effendi machte eine Pause, um das Gesagte wirken zu lassen, aber die Dattel durfte ich noch immer nicht verzehren, denn ich wusste zu diesem Zeitpunkt ja noch nicht, wie ein Derwisch seine Mutter isst.

»Ihr Geschmack trägt die Essenz des Geschmackes von vielen anderen Früchten in sich, und die Araber haben deshalb eine gänzlich andere Auffassung von der Genussweise einer Dattel als wir. Sie essen sie nicht einfach so und spucken den Kern aus, nein, sie lassen die Dattel im Mund, bis sie quillt. Sie ist ja unter irrsinniger Dehydrierung so klein und süß geworden. Die Süße und der Fruchtgehalt würden für eine Melone ausreichen und erinnern an Muttermilch. Da hast du schon mal dieses Nomadending. Es ist ein absolutes Konzentrat. Wie der Diamant gegenüber dem Bankkonto.«

Jetzt durfte ich die Dattel in den Mund nehmen, aber kauen noch nicht. Meine Zähne sollten sie nur ein bisschen massieren.

»Du schluckst immer nur das, was sich in Flüssigkeit verwandelt hat, herunter, und nach einiger Zeit fällt das süße Fleisch ab, und übrig bleibt der Kern. Die Araber spielen mit ihm, sie lassen ihn im Rhythmus ihrer Trommeln zwischen den Zähnen klappern, und die Dattel auf diese Art und Weise zu essen dauert etwa einen Dreivierteltag.«

Seine Strategie war durchsichtig. Solange ich auf diese Weise eine Dattel zu mir nahm, konnte ich nicht von Mira reden. Ich hatte das bereits während der siebenstündigen Zugfahrt und den zwei hinter uns liegenden Tagen und Nächten in Assuan zur Genüge getan, auch an diesem Nachmittag hatte ich auf der Terrasse des »Old Cataract Hotel« meinem Liebeskummer immer wieder freien Lauf gelassen, bevor mich Endi Effendi zum Schweigen brachte. Ich trug die Dattel wie einen süßen Knebel und hielt den Mund.

Auf der Terrasse des »Old Cataract Hotel« haben bereits Agatha Christie, Winston Churchill und François Mitterrand Datteln gegessen, und man weiß auch, warum. Unter einem Zeltdach der Nomadenfürstenklasse sieht man durch Königspalmen und Rosenbüsche auf den polaroidblauen Nil, und auf der gegenüberliegenden Seite wellt sich die Wüste zu einem Drachenrücken, auf dessen Kamm das Mausoleum des Aga Khan steht. Assuan. Uralte Stadt. Für die Osmanen war der südlichste Zipfel ihres Reiches das, was er vorher auch für die Römer und Pharaonen gewesen war: das Tor zu Schwarzafrika. Weil die Stromschnellen des Nil, die unserem fabelhaften Hotel den Namen gaben, Handel und Wandel per Schiff unmöglich machten, wurde Assuan zum Endpunkt aller aus Nubien kommenden Karawanen. Sie brachten Gold, Elfenbein, Teakholz und Sklaven, aber auch wilde Tiere und Pfauenfedern sowie zukünftige Haremsdamen und Knaben, die entweder schon kastriert waren oder ihrer Entmannung noch entgegensahen. Sie brachten alles, was reiche Osmanen brauchten, als die Türkei noch ein Märchenland war, aber als wir vor Ort waren, brachte grad niemand nichts, denn es war Samstag, und der Kamelmarkt in Assuan ist immer freitags, aber was macht das schon, wenn die Sonne scheint und man selbst ein Kamel ist.

»Liebeskummer«, sagte Endi Effendi, »ist sexueller Entzug plus gekränkte Eitelkeit plus grundlegendes Verlassenheitsgefühl plus Urverlassenheit, und bei dir, das ist meine Sorge, wird er langsam organisch. Wenn du so weitermachst, wirst du krank, was mir als deinem Freund sehr leidtäte, aber mir als deinem Partner hin und wieder einen Hals macht. Ich dachte bisher, mit einem Verliebten zusammenzuarbeiten sei das Schlimmste, was einem

Mann passieren kann. Ich Narr. Ich Träumer. Der liebeskummerkranke Koautor ist die Krönung der Unerträglichkeiten. Der Königsweg in die Scheiße. Du hast uns in Hamburg alle um den Verstand gequasselt, alle, ohne Ausnahme. Du hast uns Ozonloch, Erdbeben, Überbevölkerung und die Syphilis vergessen lassen. Du warst das Maß allen Leidens. Ich hoffte, in Ägypten würde es besser, aber du machst hier einfach weiter damit. Bei aller Empathie möchte ich dich deshalb jetzt mal rein kollegial darum bitten, dass wir endlich mit der Arbeit beginnen! Ist das okay für dich, o Freund und Bruder?«

Netter Versuch. Aber ich hielt nicht lange durch. Weder mit der Dattel noch mit der Konzentration. Ich hörte zwar noch, wie Endi Effendi sagte, das Gebet sei die Kommunikation der Religion, Kunst die Kommunikation der Philosophie, Werbung die Kommunikation der Wirtschaft und Märchen seien die Kommunikation der Träume, doch das Weitere hörte ich schon nicht mehr, weil mich seine schönen Worte ruck, zuck auf ein Nebengleis führten. Das Telefon ist die Kommunikation der Liebe! Ich wartete nicht, bis das süße Fruchtfleisch der Dattel von selbst abfiel, ich kaute sie, spuckte den Kern aus und entschuldigte mich bei meinem Freund für ein paar Minuten. Was folgte, war ein Telefonat nach Thailand auf meinem Zimmer. Eine Freundin von Mira hatte mir vor meiner Abreise aus Hamburg gesteckt, dass meine große Liebe wahrscheinlich nach Bangkok abgeflogen sei, und sollte das stimmen, würde Doc Henn mehr wissen. Ich kannte den 84-jährigen deutschen Besitzer des »Hotel Atlanta« seit zehn Jahren, und wir gingen sehr freundschaftlich miteinander um.

»Hallo, Dr. Henn, hier spricht Timmerberg. Ich rufe Sie aus Ägypten an.«

»Ah ja, Herr Timmermann!«

»Haben Sie meine Frau gesehen, meine Freundin?«

»Ah ja …«

»Mira, Sie kennen sie doch. Ist sie in Bangkok?«

»Ja, die ist jetzt in Bangkok. Die war heute Morgen bei mir.«

»Wissen Sie, wohin sie jetzt will?«

»Ja, sie will nach … warten Sie … nach Israel. Ja.«

»Nach Israel?! Wann?!!«

»Sie hat gesagt, so schnell wie möglich.«

»Wissen Sie, wann genau?«

»Nein.«

»Okay, ich melde mich wieder. Bitte sagen Sie ihr nicht, dass ich angerufen habe.«

»Gut, ich sage es ihr nicht.«

Auf dem Weg zurück zur Terrasse ging ich durch recht widerstreitende Gefühle. Das erste war, kurz gesagt, Glückseligkeit. Endi Effendi hatte also recht damit, als er während der Zugfahrt nach Assuan sagte, dass man Frauen nicht zurückbekommt, indem man ihnen hinterherläuft. »Man fängt sie nicht mit einem Lasso. Man muss die innere Schnur anziehen.« Sie kommt. Sie kommt. Sie kommt zu mir! Aber warum über Tel Aviv?

Mit dieser Frage begann der Jubel ein bisschen an Lautstärke zu verlieren. Günstiger Flug? Wie günstig muss ein Flug sein, damit er durch die Weiterreise nach Ägypten nicht zu einem teuren wird? Und EgyptAir fliegt von Bangkok nach Kairo so billig, dass es fast nicht billiger geht. Und woher weiß sie eigentlich, dass ich in Ägypten bin? Wahrscheinlich hat sie mit ihrer Freundin telefoniert, die mir ja auch verriet, wo Mira ist. Und jetzt Israel. Israel! Israel. Das Wort rollte in meinem Gehirn auf einen Magneten zu, aber noch hatte es nicht angedockt. Es musste sich dafür erst ein wenig in die Länge ziehen. Israel … Israelis … israelischer …, und dann war es so weit, und der Jubel schlug in Wehgeschrei um. »Israelischer Exoffizier«. Ich hatte es selbst oft genug erlebt. Das »Hotel Atlanta« war immer voll mit diesen wahnsinnig gut aussehenden Supermachos, die sich in Thailand vom Krieg im Heiligen Land erholten. Sie fliegt nicht zu mir. Sie fliegt zu einem von denen. Nein, sie fliegt mit ihm, damit er sie seinen Eltern vorstellen kann. Bei diesem Stand der Dinge erreichte ich die Terrasse, und als Endi Effendi mein kalkweißes Gesicht sah, balancierten sich aufsteigender Zorn und aufrichtige Sorge in seinen Augen zu einem Patt. Er wusste nicht, ob er mich ohrfeigen oder streicheln sollte.

»Was ist los?«, fragte er.

»Es ist aus. Endgültig!«

»Sehr gut, dann schlage ich vor, wir gehen zu Scheich Hamid.«

Scheich heißt im Prinzip Chef. Und Hamid war der Chef der Derwische von Assuan. Ich hatte bereits von Professor Effendi gelernt, dass wir uns im Grenzbereich zum Sudan auf der Schnittstelle des orientalischen und afrikanischen Sufismus bewegten. Da kommt es zu interessanten Mischungen. Die Afrikaner sind nicht so schöngeistig der Weisheit ergeben wie ihre arabischen und türkischen Kollegen, sondern eher voodootechnisch unterwegs. Weißer Voodoo, kein schwarzer, das versteht sich von selbst, denn Derwische wollen heilen und befreien, nicht verfluchen und verzaubern. Aber Voodoo bleibt es, und als die Derwische der Osmanen hier auf die Zauberer des schwarzen Kontinents trafen, nahmen sie gerne so viele Praktiken der Medizinmänner in ihrem Repertoire auf, wie es ihnen der Islam erlaubte oder zur Not auch ihre eigene Auslegung des Islam.

Scheich Hamid war also der Obermagier von Assuan, und ich machte mir Sorgen, ob zu seinen Fähigkeiten auch Gedankenlesen zählte oder, schlimmer, Phantasielesen. Das wäre mir peinlich gewesen, denn ein fester Bestandteil meines Liebeskummers, oder besser, sein Urfeuer, waren sexuelle Phantasien. Sie durchfluteten mich in unregelmäßigen, aber doch immerhin recht kurzen Abständen und taten dieses auch auf unserem Spaziergang zu Scheich Hamid wieder einmal. Endi Effendi kannte ihn seit gestern, ich würde ihn gleich zum ersten Mal treffen, und ich wollte nicht, dass der heilige Mann den Hardcore der Sünde in mir sah. Das war meine

Sorge. Und meine Hoffnung war: Vielleicht zappt er ihn weg.

Der Scheich sah nicht aus wie ein Scheich. Nicht so, wie ich mir einen vorstellt hatte: geheimnisvolles Charaktergesicht, brennende Augen, eine Aura, die in die Knie zwingt. Nichts von dem hatte Hamid. Auch keinen besonders gütigen oder machtvollen Blick. Ein durchschnittlicher und damit unauffälliger Ägypter um die vierzig begrüßte uns, als wir seine Wohnung betraten, und als ich Endi Effendi darauf hinwies, sagte mein Freund: »Was du als unauffällig klassifizierst, nennen die Derwische unsichtbar.« Dasselbe galt für seine Kleidung. Scheich Hamid trug einen weißen Durchschnittsjelaba aus einfachem Material, er sah darin weder arm noch reich aus. Aber sauber. Makellos sauber, und das war möglicherweise das Einzige, worin sich der Scheich vom einfachen Mann auf der Straße unterschied. »Salam Alaikum«, sagte er, und »Alaikum Salam« sagten wir, und dann gab's Tee und Datteln, und ich war erleichtert, dass selbst der Chef der Derwische von Assuan eine Dattel nicht so verzehrt, wie es Endi Effendi beschrieben hatte. Er kaute sie wie jeder andere und spuckte den Kern sofort aus, statt mit ihm zwischen den Zähnen zu trommeln, und er redete auch über ganz normale Sachen, über das Wetter, die Preise, die Schönheit des Nil. Hätte mir Endi Effendi nicht verraten, dass Scheich Hamid ein Derwisch ist, wäre ich nie auf die Idee gekommen, er könnte einer sein, aber trotzdem an seinem Tisch sitzen geblieben, weil seine Gesellschaft mir gefiel. Er war sympathisch, präsent und bescheiden. Er forderte keine Aufmerksamkeit, aber gab seine, wenn man nach ihr verlangte. Wenn nicht, ließ er dich in Ruhe und goß Tee nach.

Ich habe mit allen Derwischen, die ich später in meinem Leben kennenlernte, dasselbe erlebt. Man ist gern in ihrer Nähe und weiß nicht so genau, warum. Es sind Menschen, die nicht werten. Es sind Menschen, die niemandem auf den Keks gehen. Es sind selbstbewusste Menschen, die um ihr bewusstes Selbst keinen großen Wind machen, weil sie wissen, dass wir, verglichen mit dem Größten, alle nur kleine Würstchen sind. Allah Akbar, Gott ist größer. Sie singen es fünfmal am Tag. Und gerade auch wieder. Der Muezzin donnerte aus dem Radio, und danach wurden zwei Gebote des Islam besprochen. Eines zum Thema Kinder und eines zum Thema Frauen und Geld oder Geld und Frauen. Scheich Hamid übersetzte es uns, aber nur, weil wir ihn darum gebeten hatten.

Kinder:

»Du darfst keines deiner Kinder mehr lieben als das andere. Das ist verboten. Es gibt drei Ausnahmen: wenn eines der Kinder kleiner ist oder wenn es krank ist oder auf Reisen. Dann liebe es mehr.«

Frauen und Geld:

»Warum erben Frauen immer nur die Hälfte dessen, was Männer erben? Und warum verdienen Frauen immer nur die Hälfte dessen, was Männer verdienen? Und warum ist das gut so? Weil Frauen, die dasselbe Geld wie Männer verdienen, die Männer nicht mehr brauchen und so dem Kind die Liebe des Vaters nehmen. Das ist ein Grund. Der andere: Frauen werden immer Kinder bekommen. Und Männer können sich immer darin erfüllen, die Familie zu ernähren. Nur damit bekommt ihre Arbeit einen Sinn. Männer arbeiten, um Frauen zu beschenken. Holt die Frau sich die Geschenke selbst, braucht sie den Mann nicht mehr. Aber der Mann braucht sie. Und weil er sie nicht mehr beschenken kann, beginnt er, ihr zu dienen. Wenn ein Mann zu dienen beginnt, dann beginnt er auch zu rechnen. Und ein Mann, der rechnen muss, um einer Frau zu dienen, ist kein Mann mehr. Er wird ihr Sklave. Und das ist nicht Allahs Wille.«

»Ist das auch deine Auslegung des Korans, Scheich Hamid?«

Er verneinte das, aber nicht direkt. Vielleicht verneinte er es auch nicht. Er habe keine Frau und keine Kinder, sagte er. Aber seine Auslegung des Korans von Themen, die ihn betreffen würden, sei folgende: »Wenn du etwas Gutes tun willst, dann tu es sofort. Und wenn du etwas Schlechtes tun willst, dann verschiebe es.«

Das Gute, das Scheich Hamid anvisierte, war der Besuch eines, wie er sagte, »Recreation-Camps für Beduinen« in der Wüste Sinai. Es liege direkt am Roten Meer, und er reise jedes Jahr um diese Zeit dorthin. Wir könnten ihn gern begleiten, und Endi Effendi, der an eine ernsthafte Arbeit am Drehbuch über die Märchenerzählerin ohnehin nicht mehr so recht glauben wollte, fand die Vorstellung, mit einem Derwischscheich Strandurlaub zu machen, besser als nichts. Was mich anging: Die Wüste Sinai grenzt an Israel. Unser neues Ziel war nur zwei, drei Stunden von Tel Aviv entfernt.

Vor unserer Abreise aber wurde Endi Effendi noch schnell Moslem. Ich war nicht dabei, aber er erzählte mir, wie das geht. Es ist überhaupt nicht schwer, wenn ein Derwischscheich dich konvertiert.

Du sagst: »Es gibt keinen Gott außer Gott, und Mohammed ist sein Prophet.«

Und natürlich sagst du es in Arabisch.

»La ilaha illa 'ilahu. Muhammadun rasulu 'ilahi.«

Nur diesen einen Satz, und den lernen selbst weniger sprachbegabte Menschen als Endi Effendi in null Komma nichts, und wenn das erledigt ist, gibt dir der Derwisch eine Gebetskette und deinen neuen, islamischen Namen, und seitdem war Endi Effendi ein Moslem und hieß Mustafa. »Soldat Gottes«. Ich war neugierig und fragte Mustafa, warum er das gemacht habe. Mustafa antwortete, er habe schon lange mit dem Gedanken gespielt, diesen Schritt zu tun, im Grunde schon seit seinem Studium der Kalligrafie in Istanbul, und als Scheich Hamid davon gesprochen habe, dass man schlechte Vorhaben verschieben und gute sofort in

Angriff nehmen solle, habe er sich halt entschieden. Nebenbei erhoffe er sich als Moslem in Ägypten endlich auch Moslempreise.

»Ich habe langsam die Faxen dicke, Alter. Diese Touristenabzocke hier ist schon kein Wucher mehr, sondern operiert ganz klar bereits im Graubereich zum Diebstahl. Damit du mich nicht missverstehst, es geht mir nicht ums Geld, es geht um die Ehre, und wenn Ehrlosigkeit dieselbe Konsistenz wie Taubenscheiße hätte, wäre meine Kleidung für immer versaut. Ich kenne mich, und du kennst mich auch, irgendwann schlage ich um mich, wenn das so weitergeht. Ich weiß nicht, wie der Derwisch dazu steht, aber wenn du mich nach meiner Auslegung des Korans diesbezüglich fragst, so sage ich: besser Moslem als Amokläufer.«

Zunächst ging sein Kalkül auf. Wir nahmen den Bus nach Kairo und von da den Bus in den Sinai, und wo immer wir während dieser zweitägigen Reise einkehrten oder etwas einkauften, purzelten für Mustafa die Preise, sobald er sich als Moslem zu erkennen gab. Entweder outete er sich mit seiner Gebetskette, oder er versuchte es mit ein bisschen Arabisch. Er beherrschte die Sprache so gut wie Türkisch, also eigentlich gar nicht. Er konnte »Einen Kaffee, bitte« und »danke« und vier, fünf religiöse Standardsätze aufsagen, mehr nicht, trotzdem glaubten die Leute, er spreche perfektes Hocharabisch, weil er den Rhythmus und den Klang der Sprache perfekt zu imitieren imstande war. Tiefe Stimme, im Bauch rollt sie an, im Rachen kratzt sie, die Konsonanten kommen wie mit der Kamelpeitsche geschlagen heraus, aber die Vokale werden vom Atem getragen und schweben davon. Stimmt dazu der Blick zum Wort und die Handbewegung zum Blick, wirst du als Nächstes todsicher nach deinem Namen gefragt.

»Mustafa.«

Und dann …

»Muslim?!«

»Yes.«

Und dann …

»Hamdülillah.«

Fast nur Vokale, ein jubelnder Satz. Er heißt »Gott sei Dank«. Und hamdülillah bezahlte Mustafa während unserer Reise den Nil entlang und der anschließenden Busfahrt durch die Wüste Sinai überall und immer nur noch den Freund-und-Bruder-Preis, der ehrt, statt zu entehren; erst als wir das Ziel erreichten, oder genauer, drei Tage danach, bekam Mustafa Probleme, denn drei Tage nach unserer Ankunft in dem Recreation-Camp der Beduinen begann der Ramadan, die vierzigtägige Fastenzeit der Moslems. Zwei Tage hielt Mustafa durch, aber ab dem dritten hieß er wieder Endi Effendi.

Die Bucht der Peri

Fabelhafter Platz. Großartige Lage. Etwa einen Kilometer abseits der asphaltierten Wüstenstraße. Ein niedriges, aber kilometerlanges Küstengebirge aus sandigen Felsen verhinderte den Blick auf das Rote Meer. Man musste über einen Pass, um das Recreation-Camp der Beduinen im Herzen eines halben Canyons zu finden. Ein großes Zelt mit Gastronomie auf Nomadenniveau und zwei Dutzend kleine Zelte. Am Tag kam das alles ein bisschen sonnengebleicht rüber, aber in der Nacht war es spektakulär. Die Sterne, die Feuer, das große Feuer vor dem großen Zelt mit etwa zwanzig Bärtigen drum herum. Auch hier gab es einen Scheich, aber sein Name ist vergessen und spielt auch keine Rolle mehr, denn er mochte meine Lieder nicht. Es störte ihn, wenn ich Gitarre spielte. »Es ist nicht gut, in der Wüste so emotional zu sein«, sagte er. »Es ist sogar gefährlich.«

Enttäuschung, Wut, Verzweiflung, Hoffnung, und das Ganze wieder von vorn. Das war der Reigen meiner Emotionen, und es blieb in ihm kein Platz für Trauer,

Aufarbeitung und Heilung. Der Scheich des Camps hatte völlig recht. Wer will das hören? Wer erträgt so was? Und wie werde ich es ertragen, wenn mein Gejammer, aufgeblasen durch die Weite der Wüste, des Meeres und des Himmels, wieder auf mich zurückfällt? Wen rufe ich mit meinen Liedern? Und wer hört sie?

Drei Buchten weiter gab es Antworten darauf. Weil weder Endi Effendi noch Scheich Hamid und die Beduinen bereit waren, mit mir über Mira zu kommunizieren, ging ich ein bisschen über die Sandsteinfelsen und Klippen spazieren, die unsere Bucht begrenzten, und fand dahinter eine weitere Bucht, und hinter ihr die nächste, und so hätte ich immer weitergehen können, Bucht um Bucht bis Israel, aber in der dritten blieb ich stehen, ich weiß nicht, warum, und setzte mich dann auf einen flachen Stein, dessen Größe für meinen Po wie gemacht zu sein schien und dessen Form tatsächlich ein wenig herzförmig war. Irgendetwas war hier. Irgendwer war hier. Die Bucht war gut zu überblicken, niemand konnte sich in ihr verstecken. Hier war kein Mensch außer mir, und ich sah auch kein Tier, trotzdem sagte plötzlich jemand zu mir:

»Wenn du ein Mann werden willst,
dann akzeptiere niemals deine Angst
und niemals deine Wut.
Beides ist Schwäche.«

Ich schaute mich noch mal um. Da war niemand. Ich stand auf und ging die Bucht ab. Da war niemand. Ich kletterte die Sandsteinfelsenküste hinauf, um oben nach dem Rechten zu sehen. Da war niemand. Nicht links, nicht rechts, nicht landeinwärts sah ich irgendwen oder irgendetwas, das da eben mit mir gesprochen haben könnte. Ich kletterte wieder hinunter, ging zurück zu dem herzförmigen Stein, und kaum, dass ich mich gesetzt hatte, war sie wieder da. Sie? Ja. Inzwischen war ich sicher, dass es eine weibliche Stimme war.

»Du fragst dich, wer ich bin?«

»Ja.«

»Ich bin eine Peri.«

Ich war natürlich sofort im Bilde. Eine Peri ist die orientalische Schwester unserer Feen. Ein weiblicher Naturgeist, die Märchen der Osmanen sind voll mit ihnen. Peris sind in der Regel gutmütig, und jede von ihnen hat eine Aufgabe. Persönlich war ich aber bisher noch keiner begegnet. Das änderte sich gerade.

»Du bewachst diese Bucht?«, fragte ich die Peri.

»Ja, seit vielen Jahrhunderten nun schon.«

»Vor wem?«

»Vor bösen Geistern, vor Mord und Totschlag, vor der Zivilisation.«

»Magst du Menschen?«

»Nicht sonderlich, aber dich mag ich.«

Was soll ich machen? Die Frauen mögen mich halt. Aber von allen Frauen, die mich mochten, wollte ich nur die eine, die mich nicht mehr zu mögen schien. Ich war ein komischer Womanizer in dieser wie in der anderen Welt. Und dann erschrak ich mich ein bisschen. Woher wusste die Peri von meinem Problem? Weil sie alles weiß?

»Nein, nicht alles, aber mehr als du auf jeden Fall. Ich weiß alles über dich, was du selbst über dich weißt, aber ich weiß auch alles über dich, was du nicht über dich weißt oder vergessen hast, was auf dasselbe für dich rauskommt: Du weißt es nicht. Ich lese dein Unterbewusstsein synchron zu deinen Gedanken.«

»Liest du auch meine Phantasien?«

Die Peri lachte.

»Geh jetzt. Und komm morgen wieder, wenn du magst.«

Ich stand auf und warf noch einen langen Blick auf das Rote Meer. Die Sonne ging gerade unter, und etwa hundert Meter vom Ufer entfernt zogen drei Haifischflossen in Formation an der Bucht der Peri vorbei.

Wieder im Recreation-Camp der Beduinen, fand ich Endi Effendi beim Zeichnen vor. Es war eines seiner ganz großen Talente. Ich glaube, er war Weltklasse darin, aber es fehlte und fehlt mir die Kompetenz, um auf dieser Einschätzung zu bestehen. Vor allem beim »Playboy«, aber auch bei »Tempo« wurden viele meiner Geschichten mit Zeichnungen illustriert, ich hatte deshalb einen einigermaßen guten Überblick, was als professionell galt, aber wirkliche Kennerschaft war das nicht. Und fast immer, wenn ich dort Endi Effendis Arbeiten vorlegte, wurden sie abgelehnt, weil es Illustrationsmoden gibt und er nie mit ihnen ging.

Endi Effendi war nie ein junger Wilder, sein Strich war erzkonservativ, sein Stil war Naturalismus bis an die Grenze zur Fotografie. Trotzdem war er keine Dürer-Kopie, denn Endi Effendi zeichnete Licht. Für ihn waren die Stellen auf dem Papier, die weiß blieben, die eigentlichen Motive. Seine Palmenblätter, um ein Beispiel zu nennen, waren filigrane Rahmen für Sonnenstrahlen, und mit ein bisschen Schatten und schwarzen Linien, die wie lateinische Zahlen oder wie die Säulen von Stonehenge oder wie ägyptische Hieroglyphen aussahen, warf er, so leicht, wie man Blüten verstreut, die Fensterfronten des Dolmabahçe-Palastes am Ufer des Bosporus auf den Zeichenblock, und den Hausherrn zeichnete er gleich daneben, aber er war dreimal so groß wie das prachtvolle Gebäude. Abdülhamid, der letzte Sultan des Osmanischen Reichs, so wie ich ihn vor der Schwarz-Weiß-Fotografie aus dem Schreibtisch der Märchenerzählerin kannte, aber jetzt voller Seele, einer abgrundtief traurigen Seele, ein Sultan zum Liebhaben. Und nur den Kopf und den Oberkörper, ab der Hüfte zerfloss der Kalif zu einer Lichtkuppel, in der elf Sufis an einem Geländer standen und nach unten sahen. Unten, das war klar, tanzten Derwische, doch man sah sie nicht. Das Wichtige ist immer unsichtbar.

»Ich habe es ja kommen sehen«, sagte Endi Effendi, als ich ihm von meinem Gespräch mit der Peri berichtet hatte. »Dein Liebeskummer ist organisch geworden, erst die Leber und die Milz, jetzt geht er ans Gehirn.«

»Und das Herz?«

»Das Herz ist für die biochemischen Aspekte einer Trennung ein eher überschätztes Organ. Ich bin kein Psychologe, auch kein Neurologe, aber wenn du mich fragst, haben wir es bei dir leider nicht mehr mit dem puren und gottgewollten Liebeskummer zu tun, du erfreust dich bereits einer durch Liebeskummer initiierten Schizophrenie. Aber ich rede gern mit Verrückten. Das Entertainment aus der Klapse war immer das unterhaltsamste, findest du nicht? Die Peri hat dir also gesagt, dass du weder deiner Angst noch deiner Wut folgen sollst. Und was genau sind deine Schlüsse daraus?«

Ich wollte nicht aus der Angst, die letzte Chance zu verpassen, und nicht aus der Wut, die ein unfaires Glück zerstören möchte, gleich morgen früh nach Tel Aviv fahren, sondern einzig und allein aus der Treue zur großen Liebe. Als Endi Effendi das hörte, verstrahlte sein Lächeln eine eisige Atmosphäre.

»Dann arbeitest du nicht an der Verfilmung alttürkischer, sondern altpersischer Märchen, mein Lieber. ›Leila und Madschnun‹. Schon mal gehört?«

Aber selbstverständlich. Die persische Version von »Romeo und Julia«, die größte Liebesgeschichte des Orients. Ein armer junger Dichter verliebt sich in eine schöne Tochter aus reicher Familie, und Leila verliebt sich in ihn. Das konnte im alten Persien nicht funktionieren.

Man verheiratete das Mädchen an einen Wohlhabenden, und sämtliche Sitten und Gesetze des Kulturraums verboten dem Verliebten jeglichen Kontakt zu ihr. Das hinderte ihn nicht daran, überall und immer selbst geschriebene Leila-Lieder vorzutragen. Und er aß nichts mehr. Und schlief kaum noch. Eine Zeit lang tat er den Leuten leid, und sie nannten ihn liebevoll »Madschnun«, was, streng genommen, nur »Verrückter« heißt, aber in diesem Fall bedeutete es: verrückt nach Liebe. Das hat etwas Sympathisches, etwas Berührendes, sogar etwas Spirituelles auf 'ne Art, aber wenn das große Jammern überhaupt nicht mehr aufhören will, sondern im Gegenteil von Tag zu Tag schlimmer wird, obwohl seine Angebetete, auch das muss man erwähnen, ihn bereits zu vergessen beginnt, schlägt man alsbald den Verrückten entweder zu Boden und knebelt ihn oder wirft ihn aus dem Dorf. Sie warfen ihn raus, und Madschnun machte in freier Natur mit der Leila-Leier weiter, und als er schließlich an Entkräftung und Liebeskummer starb, trugen die Vögel der Umgebung seine Seele auf ihren Schwingen direkt ins Paradies. So geht es allen, die sich der Liebe ohne Wenn und Aber ergeben, das ist die Botschaft von »Leila und Madschnun«, und weil man das Gute sofort tun soll, organisierte ich gleich am nächsten Morgen ein Taxi nach Israel.

Ich ging noch mal zur Peri, bevor das Taxi kam, um Tschüss zu sagen. Mit Walkman, Kopfhörer und Leonard Cohen.

»And you want to travel with her
And you want to travel blind
And you know that she will trust you
For you've touched her perfect body
with your mind.«

Und kaum saß ich auf dem herzförmigen Stein, hörte ich eine Peri, die einen Wutanfall bekam. »Nimm sofort die Kopfhörer runter! Mach die Musik aus! Was glaubst du, wo du hier bist? In meiner Bucht will ich das nicht! Und noch etwas: Wenn du eine Frau willst, kämpfe nicht um sie. Du wirst sie nie besitzen, wenn sie nicht zu dir gehört. Aber gehört sie zu dir, kommt sie von selbst.«

Zurück in der Bucht der Beduinen, organisierte ich die Absage des Taxis nach Israel, und als Endi Effendi erfuhr, warum, fand er die Peri gar nicht mehr so verkehrt und bat mich, sie ihm vorzustellen. Er nahm ein Strandtuch und Sonnenöl zu diesem Treffen mit und ging in Badehose. Am Stein der Peri angekommen, bat ich ihn, sich draufzustellen. Ein schönes Bild. Endi Effendi war dick, aber nicht unflott. Sein Fett war elastisch, das ist was anderes als wabbelig, außerdem hatte er seine Badehose klug gewählt. Die Boxershorts aus blauer Seide bedeckten seinen Bauch komplett.

»Hörst du sie?«, fragte ich.

»Ich höre Wellen und Möwen, aber eine Peri höre ich grad nicht.«

»Dann setz dich.«

Er setzte sich auf den herzförmigen Stein und schaute hochinteressiert drein.

»Hörst du sie?«

»Nein.«

Er stand wieder auf und ließ mich Platz nehmen. Ich hörte auch nichts. »Vielleicht ist sie einkaufen gegangen«, sagte Endi Effendi. »Aber das macht nichts. Wir warten hier auf sie. Die Bucht ist wirklich ausnehmend schön.« Er breitete sein Tuch aus, ölte sich ein und nahm ein etwa dreistündiges Sonnenbad, während die Peri eisern schwieg.

Am nächsten Tag fuhr ich endlich nach Israel. Eine asphaltierte, aber kaum befahrene Straße und ein schweigsamer, vom Ramadan geschwächter Taxichauffeur ließen mich allein mit der Wüste. Ein Sandplanet, vom Wind gemalt, hier und da Kamele. Die Wüste ist sauber, hatte Lawrence von Arabien gesagt, und darüber hinaus wusste ich, was ich tat. Es war Freitag. Und ich wollte über das Wochenende die Diskotheken und Bars von Tel Aviv nach Mira abklappern. Dafür war ein Freitag ein guter Start. Drei Stunden später rauchten an der ägyptischen Grenzstation Taba übergewichtige Bakschischzöllner Cleopatra Filter, und auf der israelischen Seite umringten mich bildschöne, uniformierte Mädchen. Eilat. Taxiwechsel. Besseres Auto, schnellere Straße, schöneres Land, andere Welt. Im Radio spielte Ben E. King, also »Stand By Me«.

Zwei Stunden später war ich in Tel Aviv und suchte Mira in den Diskotheken »Liquid«, »Steps« und »Real Time«, in den Pubs »Terminal«, »Madeus« und »Hamidbar«, in den Coffeeshops »Zoo«, »Espresso« und »Alexandre«, und sie war nicht da. Was noch schlimmer war: Jede zweite oder doch vielleicht auch nur jede dritte arabisch-orientalische Israelin sah von hinten oder im Halbdunkeln auch von der Seite wie Mira aus. Ich glaubte hundertmal, sie zu sehen, und wurde hundertmal enttäuscht, das brachte meinen ohnehin schon aufgebrachten Seelenzustand so richtig in Fahrt. Ich fand Mira weder am Freitag noch am Samstag und am Sonntag schon gar nicht, und am Montag fuhr ich zurück und schämte mich, als ich die Peri wieder traf, für das Wrack, das ich inzwischen war.

Aber sie ging nicht groß drauf ein. Sie ärgerte sich über Endi Effendi.

»Bring den nie wieder mit.«

»Warum nicht?«

»Er ist zu dick. Und ich will hier keine Badeanstalt für Dicke.«

»Aber er ist mein bester Freund.«

»Bist du sicher? Jeder von euch Menschen hat neun Schicksalsmenschen. Sie nennen sich Freunde, sie nennen sich Feinde, aber woher willst du wissen, was stimmt? Freunde können die schlimmsten Feinde sein und Feinde die besten Freunde. Außerdem ist Freundschaft nicht ohne Eifersucht und Feindschaft nicht ohne Respekt.

Freunde können verführen, Feinde motivieren. Das eine macht schwach, das andere stark. Also, noch einmal, woher willst du wissen, wer wirklich Freund und wer Feind unter deinen Schicksalsmenschen ist? Du weißt nur, dass sie wichtig für dich sind, so oder so, und was diese Frau angeht: Wenn du sie nicht mehr zurückhaben, sondern von ihr erlöst werden willst, dann geh zuerst wieder nach Hamburg und dann nach Amerika. Und dazwischen arbeite mal.«

Amerika fand ich interessant, aber was die Peri über Endi Effendi gesagt hatte, glaubte ich erst, als es zu spät war. Zunächst aber fuhr ich im Wochentakt insgesamt noch zweimal durch die Wüste nach Tel Aviv und zurück, dann flogen wir ohne Mira, ohne Drehbuch und inzwischen auch ohne Geld nach Hamburg und beteten zu Gott darum, dass das Märchen von der Karawane nicht noch mal aus mir heraushüpfte und wieder alle daran glaubten, dass sie kommen wird. Und jeden glücklich macht.

*Der Teufel ist nicht klug,
weil er der Teufel ist,
sondern weil er alt ist.*

Türkisches Sprichwort

Märchenhafter Boulevard

Nur ein Jahr gab das Märchen Ruhe: Nur ein Jahr tat ich, was die Peri mir geraten hatte, und arbeitete ein bisschen, und wenn ich abends nach Hause kam, empfing mich eine Reihe leerer Bierflaschen, die gleich hinter der Eingangstür zu meiner Wohnung begann, sich dann durch den Flur zog, mit diesem nach rechts abbog, durch die Küche führte, sich noch mal in eine Rechtskurve legte und in dem Gästezimmer direkt vor meinem Untermieter endete. Wie viele Bierflaschen braucht es, um einen Meter zu durchmessen? Ich sage mal, zwanzig. Und es waren locker zwanzig Meter von der Wohnungstür bis zu ihm.

Jaques war ein Pfundskerl. Exseemann, Exfremdenlegionär, Quartalsguru. Wenn er trocken war, meditierte Jaques bis zu sechs Stunden am Tag und redete viel darüber. Seine heiligen Phasen begannen in der Regel im Knast und hielten über die jeweiligen Entlassungen lange genug hinaus, um Leute wie mich zu finden, bei denen er unterschlüpfen konnte, weil sie seine unheiligen Phasen noch nicht kannten. Diese endeten in der Regel mit

Körperverletzungen und erneuter Inhaftierung. Seine Spezialität waren Kopfnüsse.

»Alter«, lallte er und atmete schwer, »die ›Bunte‹ hat angerufen.«

Märchenhafter Boulevard. Die Prominenten sind der Adel von heute, und die »Bunte« ist das Schloss, in dem sie wohnen. Mal müssen welche raus, mal kommen neue rein, mal ziehen welche innerhalb des Schlosses um, aber im Prinzip bleibt es eine eingeschworene Gemeinschaft auf Lebenszeit, fast eine Familie. Die Weltstars sind die Königsklasse, die nationalen A-Promis sind der Hochadel, und die B-Promis sind die Hofnarren, über die darf man sich lustig machen. Auch die Botschaft der »Bunte« war märchenhaft. Es gibt Gut und Böse, es gibt die Zehn Gebote, es gibt Wunder. Und: Das Leben ist schön. Dagegen gibt es nichts zu sagen. Wir leben in einem freien Land, wir können uns frei entscheiden, ob wir das Sein als Murks oder als Märchen verstehen. In der »Bunte« feierten wir nur die Helden. Sie kriegten die Prinzessin, sie kriegten das halbe Königreich, und dann verloren sie es wieder, weil es Schicksal ist, alles wieder zu verlieren, großes Schicksal, große Geschichten über Liebe, Geld und Tod.

An diesem Tag war also ein Hollywoodstar verstorben, und ich sollte bis zum nächsten Morgen einen Abgesang auf ihn schreiben. Aber es war schon fast Mitternacht, und ich hatte keine Drogen mehr. Wenn ich von Arbeitsdrogen rede, dann ist das entweder Haschisch oder Marihuana. Ich rief einen Freund an, der in Hauptbahnhofsnähe arbeitete, und orderte für einen Hunderter das eine oder andere. Aber er brachte es mir nicht selbst vorbei, sondern steckte den Grünen Marokkaner in eine CD-Hülle und gab diese einem Taxifahrer. Doch das Taxi kam und kam nicht. Ich rief meinen Freund noch mal an, der wurde sehr nervös. »Das ist nicht gut«, sagte er. »Das ist gar nicht gut!«

Schließlich klingelte es unten an der Haustür, und ich eilte die Treppen hinab. Der Taxifahrer war ein Iraner. Er drückte mir wortlos die CD in die Hand und verschwand a) sehr eilig und b), ohne nach dem Geld für die Tour gefragt zu haben. Zurück in der Wohnung, kam ich gerade noch dazu, das Haschisch aus der CD-Hülle zu nehmen und in ein Döschen auf den Schreibtisch zu legen, als es ein zweites Mal klingelte. Aber jetzt oben an der Wohnungstür. Aha, dachte ich, der Taxifahrer ist aufgewacht. Vor der Tür standen Bullen, zwei an der Zahl. Ein großer dicker und ein kleiner dünner. Der Dicke hielt seinen Schlagstock einsatzbereit, der Dünne richtete eine entsicherte Pistole auf mich. »Das Beweismaterial«, schrie der Dünne, »geben Sie uns sofort das Beweismaterial!« Dann stürmten sie die Wohnung.

In Hamburg bekam man für hundert Mark etwa fünf Gramm. Das war genau die Menge, deren Besitz in der Hansestadt praktisch straffrei war. Theoretisch war sie zwar noch immer illegal, aber es kam damit zu keinem Prozess mehr, und jeder Bulle von Tugend und Verstand kümmerte sich einen Dreck darum, weil es für ihn unnütze Arbeit war. Ich gab den beiden deshalb, ohne zu zögern, das Stück und hoffte insgeheim, dass sie es mir zurückgeben würden. Stattdessen hörte der kleine Dünne nicht auf zu schreien.

»Wo ist der Rest?!«

»Was für ein Rest?«

»Der Rest vom Beweismaterial!«

Für die Uhrzeit wurde hier definitiv zu laut und zu viel geschrien. Ab sofort hörte das Haus mit.

»Aber ich habe nicht mehr.«

»Verarschen Sie uns nicht! Der Kollege von der Wache sagte, dass er in der CD ein Riesenstück gesehen hat. Und dieses Stück ist klein. Ich frage Sie jetzt zum letzten Mal: Wo ist der Rest von dem Beweismaterial?«

Der Kollege von der Wache war ein Idiot, der Kollege am Tatort auch. Er hörte einfach nicht auf zu schreien. Beweismaterial! Beweismaterial! Beweismaterial! Und ich konnte mich nur wiederholen: Mehr Beweismaterial gab es nicht. »Na gut«, schrie der kleine dünne Bulle, »dann holen wir jetzt die Hunde!«

Der Dicke versuchte, das über sein Funktelefon zu organisieren, aber die Verbindung wollte nicht so recht funktionieren, deshalb ging er vor die Wohnungstür und schrie im Treppenhaus nach den »Drogenhunden«. Inzwischen war das halbe Haus aufgewacht, und als dann plötzlich auch noch Jaques, der draußen Bier eingekauft hatte, besoffen die Treppe hochkam, war es mit der Nachtruhe endgültig dahin. Als Nächstes rückten zwei Kollegen vom Rauschgiftdezernat und ein Boxerrüde an, der schwer auf Entzug zu sein schien und sich bellend auf alles in meiner Wohnung stürzte, was irgendwie nach Haschisch roch. Er durchwühlte mein Bett, verbiss sich in meiner Schmutzwäsche und schnüffelte meinen Teppichboden wie ein Staubsauger ab. Nebenbei wurden Jaques Handschellen angelegt, weil er sich zunehmend seiner Qualitäten als Fremdenlegionär besann, und im Fernsehen, das die ganze Zeit über eingeschaltet blieb, zeigten sie zu Ehren des gerade verstorbenen Hollywoodstars einen seiner Filme, und der kleine dünne Bulle sah öfter hin, weil der Verstorbene, wie er verriet, sein Lieblingsschauspieler war.

»Was?! Der ist Ihr Lieblingsschauspieler?«

»Ja.«

»Aber der hat so viel gekifft wie ich.«

»Das glaube ich nicht!«

Ich zeigte dem Polizisten Archivmaterial, das mir die Redaktion per Fax geschickt hatte. Die Passagen, in denen es um den sechsmonatigen Gefängnisaufenthalt des Schauspielers wegen Marihuanabesitzes ging, waren bereits angestrichen. Für den Beamten brach zwar jetzt keine Welt zusammen, aber ein bisschen irritiert reagierte er schon. Etwa zeitgleich hatte der Junkiehund dann doch noch ein winziges Stück Haschisch irgendwo im Teppich gefunden. Verloren, vergessen, verstaubt und jetzt zu Ehren gekommen, weil es das Beweismaterial um 0,6 Gramm vermehrte, verschaffte es der Polizei ein Erfolgserlebnis, denn ab sofort war ihre Beute prozessrelevant.

Es ist wichtig zu wissen, was machbar ist und was nicht, und dann nur das Machbare zu tun, aber das mit absolutem Einsatz. Die einzig mögliche Geschichte über den verstorbenen Hollywoodstar in dieser Nacht war mehr oder weniger genau die Geschichte, die Sie gerade gelesen haben, und ich begann sie, während die Bullen und der Boxer um mich herumtobten, und beendete sie zwei Stunden nach deren Verschwinden. Sie verschwanden mit den 5,6 Gramm, dem Haschischdöschen, dem Hund und Jaques wie ein Spuk in der Nacht. Und außer dem Döschen und den Polizisten habe ich nichts davon je wiedergesehen. Weil Jaques nur auf Bewährung draußen war, ging er wegen »tätlichen Angriffs« auf vier Beamte sofort zurück in den Knast, meditierte dort ein halbes Jahr und verstarb danach irgendwo plötzlich, aber nicht unerwartet an einem alten Leberleiden. Ich denke, er ist in den Himmel gekommen. Er hatte ein gutes Herz und schlug nie die Falschen.

Schade, dass er auf Erden nicht durchgehalten hat, bis die Gerichtsverhandlung begann, auf der nicht nur der Richter, sondern auch die Staatsanwältin es sich nicht erklären konnten, warum es wegen 5,6 Gramm Haschischs zu einem Prozess kommen konnte.

Mein Anwalt konnte das ebenfalls nicht, darum hatte er nur einen Auszubildenden seiner Kanzlei zu meiner

Verteidigung geschickt. Der kam etwa dreißig Sekunden vor dem Prozessbeginn und riet mir, die Aussage zu verweigern, und natürlich hörte ich auf ihn.

Richter: »Wollen Sie zum Sachverhalt aussagen?«

Angeklagter: »Nein.«

Richter: »Habe ich das gerade richtig verstanden? Sie wollen nicht zum Sachverhalt aussagen?«

Angeklagter: »Ja, Sie haben das richtig verstanden. Ich will nicht aussagen.«

Richter: »Aber warum denn nicht?«

Angeklagter: »Äh …«

Richter: »Hat Ihnen das jemand geraten?«

Angeklagter: »Äh … ja …«

Bis jetzt hatte der Richter in einem freundlichen Ton geredet und dazu auch ein freundliches Gesicht gemacht. Das änderte sich nun. Mit messerscharfer Stimme und einer zorngefalteten Stirn wandte er sich nun dem Auszubildenden meines Anwalts zu und machte ihn rund.

Richter: »Das haben Sie ihm geraten, junger Mann?«

Anwalts-Auszubildender: »Ja.«

Richter: »Dann hören Sie mir mal genau zu. Es ist Freitag, und in fünfzehn Minuten beginnt die Mittagspause. Wenn es nach uns geht, ist der Prozess bis dahin beendet, und wir gehen alle nach Hause. Wir können die Anklage aber nicht wegen Geringfügigkeit niederschlagen, wenn der Angeklagte nicht zum Sachverhalt Stellung nimmt. Dann müssen wir den Prozess eröffnen und sitzen hier noch den ganzen Tag.«

»Halt, halt«, rief ich dazwischen, »alles klar! Natürlich sage ich zum Sachverhalt aus.«

Ich berichtete also vom Tod des Hollywoodstars, meinem Auftrag, den Arbeitsdrogen et cetera pp., und das hohe Gericht lauschte dem mit zunehmendem Entzücken. Es waren vor allem die Seitenthemen, die sie beglückten. Dass ich eher selten über Schauspieler schrieb, weil ich eigentlich Reisereporter bin, entfachte zum Beispiel ihre Neugierde auf fremde Länder und fremde Sitten. Wo ich denn so alles gewesen sei, wollten sie wissen. Und wo gefalle es mir am besten? Und als ich daraufhin »Indien« und »Himalaja« sagte, ging ein Ruck durch die Staatsanwältin. »Sie waren im Himalaja!«, rief sie mit nunmehr geradem und ihre Figur unter der Robe betonendem Rücken. »Erzählen Sie doch mal.«

Fast hätten sie darüber die Mittagspause vergessen und fast auch die Zeugen, die noch immer auf dem Flur darauf warteten, ihre Aussagen machen zu dürfen. Irgendwann entsann sich der Richter doch noch ihrer und rief die beiden Polizisten herein. Der große dicke und der kleine dünne betraten den Saal, um mich endgültig fertigzumachen.

Richter: »Sie werden hier nicht mehr gebraucht. Das Verfahren ist niedergeschlagen. Gehen Sie nach Haus oder wo immer Sie an einem freien Freitagnachmittag hingehen wollen.«

Das war's. Die beiden Helden waren entlassen. Und ich eigentlich auch. Es gab nur noch ein Problem: mein

Haschischdöschen. Es lag auf dem Beweismaterialtisch. Natürlich war es jetzt leer. Der Richter ließ es sich vom Gerichtsdiener geben.

Richter: »Das ist wirklich ein sehr schönes Döschen. Haben Sie das aus dem Himalaja?«

Exangeklagter: »Ja.«

Richter: »Wenn die Staatsanwältin nichts dagegen hat, würde ich es Ihnen gerne zurückgeben.«

Staatsanwältin: »Keine Einwände. Aber kann ich es auch mal sehen?«

Der Gerichtsdiener brachte es ihr.

Richter: »Aber es ist noch nicht von der zuständigen Abteilung der Justizbehörde chemisch gesäubert, und vermutlich sind noch Spurenreste des Beweismaterials drin. Was machen wir denn da?«

Exangeklagter: »Ach, behalten Sie es doch einfach …«

Staatsanwältin: »Aber es ist wirklich eine wunderschöne Arbeit. Und es war doch bestimmt teuer.«

Exangeklagter: »Nein, nein …«

Staatsanwältin: »Aber es hat sicher einen großen Erinnerungswert für Sie.«

Exangeklagter: »Ja, ja, aber es ist nicht so schlimm, wirklich.«

Richter: »Wissen Sie was, ich habe eine Idee. Das müsste doch auch zu Haus mit einem Spülmittel gehen. Was meinen Sie, Frau Staatsanwältin?«

Staatsanwältin: »Mit Pril geht das auf alle Fälle.«

Die Geschichte ist eigentlich zu schön, um wahr zu sein, aber das »eigentlich« macht schon klar, dass sie wahr ist. Und die Dialoge sind mir dreißig Jahre später deshalb noch so genau erinnerlich, weil ich sie gleich nach der Verhandlung niederschrieb. Mich beseelte damals die Idee, daraus fürs Fernsehen einen Anti-»Tatort« zu machen. Ich verachte die »Tatorte« für ihre Verlogenheit, und Verlogenheit hasse ich ganz allgemein, darum hasse ich mich selbst manchmal, aber bei aller Demut und Selbstkritik ist die öffentlich-rechtliche Propagandaabteilung der Polizei immer einen Kreuzzug wert, und einen Fernsehproduzenten kannte ich auch. Er fand die Sache lustig und lehnte sie ab, weil es dafür in Deutschland keinen Markt gäbe, bat mich aber, jederzeit wieder bei ihm vorzusprechen, wenn ich auf andere Stoffe kommen sollte, woraufhin ich sagte, na ja, 'nen anderen Stoff hätte ich auch jetzt schon parat, und so ergab ein unbedachtes Wort das andere, und das Märchen sprang volle Kanne wieder aus mir heraus. Und wieder gab es einen Drehbuchvertrag. Jetzt aber mit einem Vorschuss über 20 000 DM. Und dieses Mal wollte ich es in Marokko schreiben, denn ich hatte inzwischen Pit kennengelernt.

Wie ich in der Liebesgrotte von Scheherazade meinen Frieden wiederfand

Er könnte ein Araber sein, er könnte ein Türke sein, er könnte ein Latino sein, er könnte quasi alles sein, bis auf Eskimo oder Schwarzafrikaner, denn Pit hat trotz seiner deutschen Eltern ein Pan-Schwellenländer-Gesicht, dessen Schönheit durch die Spuren seiner Drogenexzesse an Tiefe gewann. Pit war Cineast. Er liebte französisch-italienische Koproduktionen, weil in ihnen die Gauner die Helden waren. Kriminell als Lebensstil, aus reinem Spaß an der Freud, nur hin und wieder übermannte ihn der Eifer, dann wurde Pit zum Unmoralapostel und fanatischen Kreuzritter gegen die Spießigkeit. Seine andere Leidenschaft war das Reisen. Nur dafür arbeitete er als Nachtportier, Sexshopverkäufer und Besorger für alles. Dementsprechend kurz waren seine Trips, aber er entwickelte einen Reisestil, der genug Leben fraß, um die Durststrecken zu Hause zu überwinden. Im Gegensatz zu Endi Effendi wusste Pit deshalb genau, wo man Liebeskummer sofort loswird.

Und vor uns lag Tanger.

Er war tatsächlich nicht totzukriegen. Er flammte nicht mehr, er glühte nur noch, aber das tat er wie ein heißer Stein, der aus irgendeinem Grund nicht abkühlen kann. Vielleicht irrte ich mich auch. Vielleicht brannte der Schmerz noch so lichterloh wie eh und je, aber mir kam es nur wie ein Glühen vor, weil ich mich daran gewöhnt hatte, ein unglücklicher Mann zu sein.

Und vor uns lag Tanger.

Seit Ägypten war ein Jahr vergangen, seit der Trennung fast zwei. Und wie dem auch sei, ob es nun eine Schmerzgewöhnung oder seine Verdichtung war, damit konnte ich wieder arbeiten. Besser sogar. Nichts ist der Kreativität förderlicher als ein anständiges Trauma. Und nichts treibt energischer voran als unerfüllter Sex. Außerdem macht nichts demütiger als permanentes Leiden. Das verbesserte sogleich meinen Stil. Ich schrieb nicht mehr mit dem Hochmut der alten Zeiten. Dem Reporter tat das gut, dem Mann ging es schlecht. Der Volksmund würde das kürzer sagen: Pech in der Liebe, Glück im Spiel.

Und vor uns lag Tanger.

Delfine begleiteten uns. Sie sprangen vor dem Bug der Fähre aus den Wellen wie ein Wasserballett. Das flirrende Gold der Sonne lag auf der Straße von Gibraltar, ein warmer Wind kämmte uns die Haare, und all das war supernett, aber reichte noch immer nicht, um mich von meinen verfluchten Gedanken zu befreien. Inzwischen glaubte ich wirklich, es sei ein Fluch. Du wirst sie verlieren und nie vergessen. Und es ist deine Schuld. Und Pit, der in meinem Gesicht lesen konnte wie in einem offenen Buch, sagte: »Heute Abend spülst du die schmutzigen Erinnerungen in den Rinnstein des Lebens, Alter. Das garantiere ich dir.«

Und vor uns lag Tanger.

Ich wusste nie so recht, ob das seine Sprüche waren oder die von Lino Ventura, Jean Gabin oder Alain Delon. Manchmal hatte ich ihn erwischt. »Sieh nicht nach den Frauen der anderen« zum Beispiel hatte er in »Die Entführer lassen grüßen« aufgeschnappt. Ein Großteil der pitschen Lebensklugheiten stammten aus diesem wirklich lustigen Film von Claude Lelouch, ein paar andere wie »That's the moment, when bullshit walks and money talks« von Humphrey Bogart, und zumindest eine stammte auch aus der Modebranche. »Homefucking is killing Prostitution« war auf seinem T-Shirt zu lesen, während er erwartungsfroh an der Reling stand und nach vorne blickte.

Und vor uns lag Tanger.

Pit kannte die Stadt wie seine Westentasche. Er ist lange in ihr und ihrem Umland geschäftlich unterwegs gewesen und hat nicht ganz so lange dafür im Knast gesessen, aber doch immerhin lange genug, um Marokko danach nur noch aus extrem privaten Gründen zu besuchen, ein »touriste spécial«, wie die Marokkaner sagen, »fast wie einer von uns«. Alle Mitglieder der marokkanischen Schiffsbesatzung, mit denen wir seit der Abfahrt von Algeciras in Kontakt gekommen waren, glaubten, Pit sei einer der ihren oder habe zumindest ein bisschen von ihrem Blut, aber Pit dachte gar nicht daran, sie in diesem Glauben zu belassen und jetzt ein bisschen Arabisch zu schwätzen. Im Gegensatz zu Endi Effendi würde Pit erst Moslem werden, wenn er Perlen weinte und mit jeder seiner Tränen den Gegenwert von einer Million Dollar auffangen könnte. Das würde nie passieren. Pit verachtete jede Art von Religion, nein, es war mehr als Verachtung. Es war Ekel. Er litt unter allergischen Reaktionen wie Wutpickeln und Hassflecken beim Kontakt mit frommen Menschen. Obwohl er selbst einer war. Ihm frommte nur die andere Seite. Ihre Tugenden waren seine Sünden, ihre Sünden waren sein Abendmahl. Von allen Moslems kamen damit die Marokkaner am besten klar.

Und vor uns lag Tanger, wie über die Hügel gemalt. Die weiße Stadt auf der grünen Kante Afrikas wurde größer, und Konturen schälten sich heraus. Das Adlernest der Medina, der Staub über der Uferpromenade, die Anlegepiers des Hafens streckten sich wie Finger nach uns aus.

Marokko empfing mich wie eine billige, aber wunderschöne Hure. Und damit meine ich nicht nur Fatima, die mir weit nach Mitternacht zwischen die Beine greifen sollte, sondern alles. Das grenzpsychedelische Licht fütterte mich mit halbkoscheren Glückshormonen und wischte die Moral raus. Moral ist etwas für satte Menschen, die geachtet werden wollen, aber in diesem Licht bist du fähig, auf die Achtung der Gesellschaft zu verzichten, ja, es fällt dir nicht mal als ein Verzicht auf.

Dirham, nur darauf darfst du nicht verzichten. Dirham hält die Charmebolzen in Betriebsbereitschaft. Dirham ist größer als Allah, denn sie beten zu Allah, er möge ihnen Dirham besorgen. Nie würden sie den Dirham bitten, ihnen Allah näherzubringen. Nur der Dirham zauberte auf Absalams Gesicht ein Lächeln, das von Rechts wegen unbezahlbar sein müsste, oder zumindest teurer als das Trinkgeld, das wir ihm gaben. Der Kellner vom »Café el Manara« musste den Soco Chico überqueren und in unserem Hotel die Treppen zum zweiten Stockwerk nehmen, um uns auf dem kleinen Balkon unseres Zimmers Café au Lait, Croissants und ein schönes Stück marokkanisches Edelhaschisch zu servieren. »Zero-Zero, mon ami.«

Absalams Gesicht war aus Berberadel geschnitten, fein und schmal und mit einem frankophilen Lippenbart geziert. Wenn er lächelte, sah es aus, als ob Herr Dürer oder Herr Michelangelo oder Herr Endi Effendi die Falten zögen. Ein Spinnennetz der herzlichen Dienstbarkeit. Auch alles darüber hinaus führte den Beweis, dass wahre Professionalität so lässig ist, dass sie sich hinter der Lässigkeit komplett verbergen kann, weil sie auch im Schlaf funktioniert. Die Art, wie Absalam ein Tablett balancierte, wies darauf hin, dass es angewachsen war, und sein Schwung hatte etwas Spielerisches, Tänzerisches und Musikalisches, denn ein guter marokkanischer Kellner versteht seine Arbeit am Tisch als Showact, als Kleinkunst, als die auf den Punkt gebrachte Präsentation einer glücklichen Fusion. In Absalam vereinigte sich das Beste aus zwei gastronomischen Welten. Orientalische Gastfreundschaft, gepaart mit französischem Stil. Eleganz ohne Arroganz. Charme ohne Schleim. Und Zero-Zero war nun mal das beste Haschisch weit und breit, das High End der in Tanger konsumierten Qualitäten, die durch die Nähe zu den Plantagen im Riffgebirge eigentlich durch die Bank spitze waren, aber die Spitze der Spitze hieß Zero-Zero, also Null-Null, was alles Mögliche bedeuten kann. Null-null Verunreinigungen, null-null Zutaten, null-null Streckmittel, aber auch null-null Gehirntätigkeiten nach dem Konsum. Wir gaben uns alsbald wie angenagelt der Aussicht hin. Wir schauten von dem Balkon zwei Stockwerke über dem Soco Chico wie von einer Theaterloge auf den Tanz um den Dirham auf Tangers kriminellstem Platz. Er liegt in der Mitte der Altstadt, und schmale wie schmalste Gässchen führen von dort entweder hinauf ins Adlernest der Medina oder zum Hafen hinab. Die Stimmen der Schmuggler, Hehler und Agenten, der Diebe, Mörder und fast Gehängten mischten sich mit denen der Frommen und Legalen zu einem erregenden »Wo ist der Dirham?«-Massengebet, und hin und wieder raste die

Polizei in einer Blitzaktion in dieses Treiben hinein, um dann blitzschnell wieder herauszurasen, mit mindestens einer armen Seele im Schwitzkasten.

Sobald es dunkel wurde, zog Pit seine Jogginghose an und verschwand in den Gassen. Ich legte mich aufs Bett und ließ die Seele versacken. Die Fenster und die Balkontür standen offen, ein abgründiger Abend kam herein. Musikfetzen trieben im Wind, Trommeln, Rufe und Geschrei. Ahnungen wallten, Wünsche flammten auf, Wünsche, die alle nur das eine wollten. Weiter absacken, tiefer sinken, dem allen hier komplett verfallen. Und um Pit musste ich mir wirklich keine Sorgen machen. Er war mit der Trainingshose endgültig marokkanisch angezogen und damit praktisch unsichtbar. Er kam nach etwa zwei Stunden zurück und sagte, der Laden heiße »La Grotte«, die Frauen würden im Sitzen tanzen, und wer sie zu einem Getränk einlade, sei ihr Prinz der Nacht.

Der allererste Spaziergang durch die nunmehr finsteren Gassen der Medina rief Erinnerungen an Filme wach, in denen jetzt überfallen, geraubt oder ein Organ entnommen wurde. Und im Gegensatz zu Pit sah ich nicht wie ein Marokkaner aus. Nicht mal ein bisschen. Groß, blond und in einem weißen Leinenanzug vom Hamburger Herrenausstatter Braun trabte ich wie ein selbst leuchtendes Schaf durch das Quartier der Wölfe, aber ich sorgte mich nicht, im Gegenteil, ich kuschelte mit der Gefahr. Und zur Not hatte ich immer noch meinen Atem, in den ich flüchten konnte, wenn die Gassen abknickten und nicht klar war, ob hinter der nächsten Ecke eine Katze, eine Ratte oder eine Horde Nervenkranker auf uns wartete. Der Atem ist mein Panic Room, er schützt mich vor paranoiden Gedanken und Gefühlen. Trotzdem stimmt, was die Juden sagen: Nur weil ich paranoid bin, heißt das nicht, dass ich nicht verfolgt werde.

Die Medina gab uns frei, wir erreichten die Uferstraße und winkten ein Taxi herbei, und dass wir dieses tun konnten, erschien mir ein Glücksfall zu sein, denn außer unserem Taxi war auf der vierspurigen Straße eigentlich nichts Nennenswertes mehr unterwegs. Straßenlaternen leuchteten beleidigt vor sich hin, Papierfetzen wirbelten im Wind, hier und da wiegte sich eine Palme im Schlaf der Gerechten. Die Botschaft dieser unterforderten Infrastruktur lag auf der Hand: Gute Moslems sind jetzt in ihren Betten, und ihr seid auf dem Weg zu den Bösen. Fürwahr.

Als wir nach etwa einem Kilometer das »La Grotte« erreichten, standen da plötzlich jede Menge Taxis am Straßenrand, und eine Traube von Männern bewegte sich vor der Tür nach dem Chaosprinzip. Wir durchschritten die kleine Schlägerei, als wäre sie digital, wurden von zwei bulligen Türstehern mit Folterknechtgesichtern aufs Liebenswerteste eingelassen und eilten die Treppe zur Unterwelt hinab, die konsequent halbherzig beleuchtet war. Die Bar wartete gleich links, und der Barkeeper hatte das gleiche Format wie die Türsteher und wie überhaupt jeder männliche Angestellte hier. Groß, breit und brutal schenkte er uns sein schmierigstes Lächeln. Wir bestellten zwei Bloody Mary und drehten uns zur Action. Pit hatte nicht gelogen. Die meisten Frauen tanzten im Sitzen, nur die Sängerinnen auf der Bühne kreisten im Stehen zu enorm schnellen Schlag-, Blas- und Zupfinstrumenten. Ihr Gesang bestand aus Kaskaden schriller Schreie, die sie rückkoppeln konnten. Dazu trugen sie Bauchtanzgarderobe in Übergrößen, und enthemmte Speckringe bewegten sich in Hula-Hoop-Geschwindigkeit um ihre Mitte. Aber für uns mehr von Interesse schienen die Frauen an den Tischen. Die, die im Sitzen tanzten, waren die Huren.

Aber ich glaubte ja nicht mehr an die Liebe.

Mit abfälligen Bemerkungen über mein Trinkverhalten zwang mich Pit nun zu größeren Schlücken und schneller nachzuschütten. So konsumiert, wirkt Alkohol wie ein Überfall. Die freigesetzten Glücksneutronen fließen nicht durchs Gehirn, sondern kommen wie eine Sintflut daher. Man nennt das Vollrausch, und der Vollrausch kann von allen Musikstilen mitgenommen werden. Rock 'n' Roll, Blues, Volksmusik; egal, was es ist, der Vollrausch geht gerne mit. Rock 'n' Roll, um bei den genannten Beispielen zu bleiben, führt in die Arenen der Helden, Blues in die Kathedralen des süßen Selbstmitleids, und Volksmusik in ein Paralleluniversum, in dem sich Sonne, Mond und Sterne schunkelnd um die Erde drehen. Aber wohin führen die rasenden Rhythmen marokkanischer Nachtclubmusik? Was passiert mit dem Vollrausch beim Berber-Beat? Er ist so schnell wie Techno. Das erhöht die Herzfrequenz. Die Schreie der Sängerinnen wirken wie Peitschenhiebe. Das treibt voran. Und wenn die Musiker der Band dazu ihre Berber-Kampfgesänge im Chor anstimmen, ist es endgültig vorbei mit dem Jammern und Klagen, dem Zaudern und Zagen, dann springt der Vollrausch aufs Pferd und reitet mit gezücktem Schwert in den Heiligen Krieg gegen die Ungläubigen der Liebe sowie gegen die Ignoranten der Triebe.

»Me, my name is Fatima«, sagte die Hure, bevor sie mir zwischen die Beine griff.

»And me, my name is Dirham«, antwortete ich. »Mr Dirham.«

Der Vorname war Verhandlungssache. Der Barkeeper, der das Gespräch mitbekommen hatte, sagte ungefragt, er würde bei ihr Mr 50 heißen, sie selbst wollte mich Mr 1000 Dirham nennen, fand dann aber auch Mr 400 ganz nett. Doch sie wollte nicht mit in unser Kakerlakenhotel am Soco Chico gehen. Und ihre Freundin, die inzwischen an Pit verkuppelt war, wollte das auch nicht. Pit schlug vor zu bleiben.

Das »La Grotte« war der Nachtclub vom »Hotel Sherazade«, und wie der Name schon sagt, war man dort auf alles eingestellt. Die ersten beiden Hoteletagen waren für marokkanische Reisende reserviert, im dritten

Stockwerk wohnten Ausländer, die als Paar oder mit Familie unterwegs waren, und das vierte war für Sextouristen. Anfang der Neunzigerjahre waren das in der Regel Franzosen, Spanier und die Notgeilen der Arabischen Halbinsel. Marokko war schon immer der Puff des Orients, trotzdem war die Prostitution verboten, und man durfte keine Hure mit auf sein Hotelzimmer nehmen. Nicht mal echte Liebespaare durften in einem Raum übernachten, wenn sie unverheiratet waren. Man musste zwei Zimmer buchen. Und eines davon auf den Namen des Mädchens. Bei einer Viererkonstellation wie der unseren waren zwei Zimmer ideal. Eins für Pit und mich, eins für Fatima und ihre Freundin. Und die Zimmer hatten Verbindungstüren. Verschlossen, aber der Schlüssel steckte. Pit sagte, dass er mit dem Taxi ein paar Sachen aus unserem Hotel am Soco Chico holen würde und ich mich mit den Miezen schon mal einrichten solle. Er nannte sie immer Miezen, nie Weiber oder Huren.

Die Zimmer im »Sherazade« waren einmalig, und das lag an den Fenstern. So was hatte ich noch nicht gesehen. Sie waren so lang und so schmal wie eine Leinwand im Cinemascope-Format. Der Ausblick, um nicht der Film zu sagen, zeigte eine leere Uferstraße, einen leeren Strand und das dunkle Meer. Ich verlor mich in dem Bild, und Fatima verlor sich in der Zimmerbar, und am Morgen danach hatte ich endlich Mira vergessen.

Vielleicht hatte ich sie ja auch schon vergessen, als ich mit Fatima Sex hatte, aber das glaube ich nicht so recht, weil ich mich an keinen Sex mit ihr erinnern kann. Oder es ist bei dem Kuss passiert, in den ich fiel, als ich stehend und mit geschlossenen Augen Gitarre spielte. An den erinnere ich mich. Bei einer Textstelle, die mir besonders am Herzen lag, beugte ich den Kopf ein bisschen vor und ein bisschen nach unten, und Fatimas Zunge fuhr wie eine Honigschlange in mein Lied. Das war toll, aber war das allein toll genug, um die Frau meines Lebens zu vergessen, und wenn ja, war es überhaupt noch nötig? Die große Befreiung von dem großen Spuk könnte genauso gut auch schon geschehen sein, als ein Marokkaner mit gezücktem Messer die Treppe zum »La Grotte« heruntergestürmt kam, weil er seine Hure von gestern mit seiner neuen Geliebten verwechselte. Zwei Gorillas warfen sich auf ihn, und dem armen Mädchen ist nichts passiert. Aber es war ein irres Getobe und Gewoge und passte so gut zu der irren Musik. Vielleicht vergaß ich dabei ein für alle Mal mein Leid, und vielleicht hatte sich der Spuk sogar bereits während unseres Spaziergangs durch die unheimlichen Gassen der Medina in nichts aufgelöst, oder bei der Zero-Zero-Raucherei am späten Nachmittag.

Ja, und vielleicht hatte es nicht mal was mit Marokko zu tun, sondern nur mit dem Zeitpunkt. Vielleicht hatte dieser hartnäckigste Liebeskummer meines Lebens an dem ersten Tag in Tanger nur sein natürliches Ablaufdatum erreicht. Auch das kann sein, aber auch das glaube ich eigentlich nicht, denn ich habe in den kommenden

Jahren eine Menge Europäer getroffen, die schworen, ihren Liebeskummer oder ihre Depressionen oder ihre durch Liebeskummer initiierten Depressionen in Marokko verloren zu haben. Nein, ich glaube, ich wurde in Marokko von Mira befreit, und das gleich am ersten Tag. Oder in der ersten Nacht. Aber wann genau an diesem Tag oder in dieser Nacht, weiß ich nicht. Ich weiß nur, wann es mir aufgefallen ist.

Im Morgenlicht. Vor dem »Hotel Sherazade«. Blaues Meer, blauer Himmel, am Horizont der Alte Kontinent. Fatima fragte mich, ob sie mir Tanger zeigen solle. Ich sagte Nein. Ich wollte alleine sein. Es fühlte sich gerade so überwältigend gut an, allein zu sein. So rund, vollständig und heil. Das Loch in meinem Bauch hatte sich geschlossen, der heiße Stein war abgekühlt, ich hatte Pits Prophezeiung erfüllt und die schmutzigen Erinnerungen in den Rinnstein des Lebens gespült.

Der Traumverkäufer

Am Abend wollten wir mit Royal Air Maroc weiter nach Marrakesch, und es war ein so herrliches Gefühl, ohne Liebeskummer über das Rollfeld zu gehen. Bevor ich nichts mehr lieben konnte, hatte ich es immer geliebt, mich nicht im Bus oder im Schlauch, sondern auf diese Weise einer Maschine zu nähern, und jetzt liebte ich es wieder. Außerdem erinnerte mich der kleine Flughafen von Tanger an den Film »Casablanca«, in dem für Humphrey Bogart am Rollfeld eines ähnlich kleinen Flughafens eine wunderbare Freundschaft begann. In meinem Film begann nicht die Freundschaft zu einem hochrangigen Polizeioffizier, sondern ganz allgemein zu diesem wunderbaren Land. Gott schuf Marokko, um die Unheilbaren zu heilen, die Trostlosen zu trösten und die Verfluchten zu befreien. Ich nahm ein paar letzte Atemzüge im mediterranen Klima und zog eine Stunde später Sauerstoff mit ganz anderen Zusätzen in mich hinein. Süßer, staubiger, afrikanischer. Nach der Landung waren es plötzlich nur noch sechzig Kilometer bis zum Hohen Atlas, achtzig bis zur Sahara und zehn bis zu den

Toren einer Stadt, von der ich mehr oder minder sofort wusste, dass ich ihn ihr sterben wollte.

Alle Häuser rot, flirrender Staub im Gaslaternenlicht, wilder, nahezu ganzheitlicher Verkehr vom Eselskarren bis zum BMW, aber Moped dominiert, und hier und da ein Kamel. Und alles laut. Stimmen, Hupen und Musik werden mit maximalem Volumen vorgetragen, mit maximaler Lebenslust. Auch Lebensgier. Überlebensgier. Trommeln irgendwo. Wir nähern uns ihnen inzwischen zu Fuß und ohne Gepäck, denn wir haben im »Grand Hotel Tazi« eingecheckt, und das liegt nur fünf Minuten vom Djemaa el Fna entfernt. Die Trommeln ziehen uns wie ein Magnet durch Menschen, Tiere, Sensationen. Schlangenwerfen, Kinderboxen, Transvestiten-Bauchtanz. Wir bleiben nirgendwo stehen. Kein Äffchen hält uns fest, kein Schleierblick stoppt unseren Schritt, bis wir bei den Trommlern sind. Eine Runde von dreizehn sitzenden Männern, in deren Mitte der vierzehnte steht und irgendetwas erzählt. Die Trommeln werden schnell, tief und manipulativ bedient. Das Herz schlägt schneller, aber nicht erregter. Die dreizehn singen dazu in Endlosschleifen die Zauberformeln des Korans.

Ich war mir sicher, dass es sich um Zauberformeln handelte, denn alle dreizehn waren in Trance. Öllampen und ein kleines Feuer beleuchteten ihre Gesichter. Alte und junge Gesichter, schöne und entstellte, weiße und schwarze, mit grünen, blauen, türkisen und weißen Turbanen. So viel zu den Unterschieden; was sie einte, waren ihre Augen. Trotz des Kraftfeldes, das diese Männer aufzubauen imstande waren, blickten sie nicht wild oder stolz oder triumphierend, sondern so bescheiden und demütig wie Bettler in die Menge, die sie umstand, obwohl keiner der dreizehn und auch nicht der vierzehnte aussah, als ob er das Betteln nötig hätte, es sei denn, er verstünde sich als Bettler vor Gott. Einer der dreizehn trug keinen Turban, sondern eine weiße Wollmütze, und ich denke, er war ihr Chef, denn er verströmte ein gewaltiges Charisma. Falten wie ein Fächer, weißer Zehntagebart, hypnotischer, oberernster Blick. Und er trommelte und sang auch nicht mit. Er hielt die Stellung in der Stille.

Was aber erzählte der Alte in ihrer Mitte, der stehende vierzehnte Mann in seinem billigen, aber blütenweißen sauberen Baumwollgewand? In Arabisch, ich konnte es nicht verstehen. Man warf ihm Münzen zu, die kleinsten einen Dirham. Dafür gab er ihnen dann eine Dattel und eine Handbewegung, die aussah, als würde er ein bisschen von der Kraft der Trommler zu ihnen herüberwerfen. Die kleinste Münze in meiner Tasche waren zehn Dirham. Und nachdem ich sie in den Kreis geworfen hatte, geschah auch zehnmal so viel wie bei den anderen. Er warf nicht mit einer Handvoll Trance nach mir, sondern schnappte sich aus dem Nichts eine imaginäre Schaufel und schaufelte mich mit dem Segen der Gruppe zu. Und als er mir die Dattel gab, spürte ich in meinem Kopf einen ganz leichten elektrischen Schlag.

In der Nacht träumte ich, in dem Innenhof eines orientalischen Hauses zu stehen, der Mond schien, und auf der Balustrade des ersten Stocks drängten sich so viele Frauen, wie draufpassten. Sie schauten zu mir herunter, ich sah zu ihnen hinauf. Eine attraktiver als die andere, und schon das war fast zu viel für mich. Aber dann kam die zweite von links plötzlich ganz dicht an mich heran. Sie verließ dafür nicht die Balustrade, sie zoomte heran, als hätte ich in meinen Augen ein Teleobjektiv, an dem jemand drehte. Ihr Gesicht war mir jetzt zum Küssen nah. Das schönste Gesicht, das mir jemals nahe war und das ich trotzdem kannte. Als wäre es mir prophezeit gewesen, als hätte ich es in allen Frauengesichtern gesucht. Das Glück durchfuhr mich so stark, dass ich davon aufwachte. Aber ich war nicht enttäuscht, dass es vorbei und nicht wahr war. Kein bisschen, im Gegenteil.

Ich lag bis zum Morgen in meinem Bett wie in einem Opiumrausch, denn ich hatte wenigstens einmal in meinem Leben meine Traumfrau gesehen. Es gibt zwei Arten Traumfrauen. Die mathematische und die totale. Die mathematische Traumfrau erklärt sich aus dem Umstand, dass kein Mann dem anderen gleicht und es deshalb irgendwo auf diesem Planeten eine Frau gibt, die besser zu ihm passt als jede andere. Die totale Traumfrau dagegen ist ein Überwesen, das zu allen Männern passt. Mir war, als hätte ich eine Mischung aus beiden gesehen. Und es war nicht Mira. Nicht mehr. Das Kapitel blieb geschlossen wie ein Grab.

Nach dem Frühstück kaufte ich bei »Foto-Felix« Polaroidfilme. Es schien mir die beste Art zu fotografieren. Man sah das Bild sofort und konnte es sofort verschenken und dann noch eines machen. »One for you, one for me« ist ein faires Geschäft, und selbst der Nachteil einer Polaroidkamera erschien mir ein Vorteil zu sein. Das Objektiv ist nicht stark genug für Tiefenschärfe, der Blitz reicht nicht weit, alles, was entfernter als zwei Meter ist, kommt auf Polaroid unbeholfen und unscharf daher. Das zwingt dich, auf einen Meter und näher ranzugehen, und was in dieser Distanz rüberkommt, ist die Seele des Objekts. Ich hatte die Gesichter der Trommler gestern nicht fotografiert. Das wollte ich heute nachholen, und weil der junge Verkäufer in dem Geschäft fließend Englisch sprach, fragte ich ihn, ob er mich nicht zum Djemaa el Fna begleiten wolle, um mir zu übersetzen, was der Mann in der Mitte der Trommler eigentlich so erzählte, während er Datteln verschenkte und Segen schaufelte. Ich bot dem Verkäufer dafür fünfzig Dirham an, und Foto-Felix sagte natürlich sofort Ja.

Der Djemaa el Fna war nicht so belebt wie am Abend, aber die Trommler waren da, und auch der in ihrer Mitte, und wieder hatten sie ein großes Publikum. Also, was erzählte der Alte, der Datteln und schaufelweise Segen verschenkte? Foto-Felix übersetzte: »Er sagt, dass er für schöne Dirham schöne Träume gibt.«

»Hat er das wirklich gesagt? Dieser Mann verschenkt Träume?«

»Nein, er verkauft Träume.«

Wo bin ich? Wer bin ich? Was weiß ich? Und was weiß ich nicht? Ab sofort wusste ich wieder, wie viel ich nicht weiß. Ein mehr als angenehmes Unwissen. Die Möglichkeit des Unmöglichen passte nahtlos zu den Lichtgittern aus Sonnenstrahlen, die auf der Gasse lagen, durch die wir anschließend gingen. Durch eine unregelmäßige Überdachung der Gassen mit leichten Materialien wie Bambusstäben entstanden Schattentunnel mit Laserstrahlen.

Auch hier war der Bär los, aber jetzt Abteilung »normales Gassenleben«. Oder »normales Straßenleben«. Ich weiß nicht, wie ich es nennen soll, denn die Riad Zitoune war breiter als eine Gasse und schmaler als eine Straße, und sie verkauften dort Laden an Laden mehr oder weniger alles im marokkanischen Kleinhandel Vorstellbare, von Juwelen bis zu Innereien am Fleischerhaken. Dazwischen die Dienstleister, die Schuster, Näher und Barbiere. Ein kleines Badehaus, ein Hardcore-Fitnessschuppen mit uraltem Eisen, Palmen, die über Mauern ragen, Rosen in Ritzen, und die Kleidung der Passanten entspricht zur Hälfte der arabischen Frühjahrsmode des Jahres 1184 und zur Hälfte den Fakes unserer Tage. Kapuzenmännchen und Jeanskatzen, Puschen und Sandalen, und mit dem, was hier manche Leute als Kopftuch tragen, würde man bei uns auch mal Geschirr abtrocknen. Man geht hier schnell, ohne es eilig zu haben. Es ist nicht die Angst, etwas zu verpassen,

sondern die landesübliche Lust am Geschwindigkeits-
rausch. Fahrräder jagen in Slaloms um uns herum, von
hinten drängt ein Eselchen, und dann biegt Pit nach
rechts in eine Gasse ab, die nicht breiter als zwei neben-
einandergehende dünne Menschen oder ein dicker ist.
Sollte es hier mal zu unangenehmen Begegnungen kommen, wird sie zur Shit-happens-Gasse schlechthin. Bei
einer Hausnummer, die ich nicht preisgeben möchte,
bleibt er stehen und klopft an eine Pforte, an der wir gestern Abend bereits erfolglos angeklopft hatten, aber jetzt
öffnet sie sich, und Omar steht in der Tür.

»Pitte!«, ruft er mit urtiefer Stimme.

Nicht Pit oder Piet oder Piete, sondern Pitte mit dop-
peltem t.

»Pitte, long time no see.«

»Ten years, Omar.«

Sie fallen sich in die Arme. Mich begrüßt er mit einem
freundlichen Handschlag. Was ich bis zu diesem Zeitpunkt über den etwa vierzigjährigen Wuschelkopfma-
rokkaner weiß: gelernter Schneider, talentierter Desig-
ner, zu wenig Ehrgeiz, um daraus etwas zu machen, und
großer Kiffer. In seiner Jugend ein respektierter Straßen-
kämpfer, als die Hippies kamen, hat ihm jemand LSD
gegeben, das hat ihn ruhiger gemacht. Zu Pits Zeiten
war er der Oberfrauenheld, und das ist er sicher immer
noch. Omar hat Genießerlippen, eine hohe Stirn und
Lachfalten überall. Dazu ziert ihn ein d'Artagnan-Bart,
der ähnlich verwuschelt wie seine Frisur ist.

»Come in«, sagt er, »let's have a smoke«, und das ist in etwa genau das, was wir gerade hören wollten.

Mit Omars Haus betrat ich, von meinem Traum mal abgesehen, zum ersten Mal einen Riad dieser Stadt. Einen kleinen zwar, aber ich verstand das Prinzip sofort. Mauern wie eine Burg und ein Innenhof, in dem man machen kann, was man will. Das kann man in unseren Wohnzimmern auch, aber dass in der Mitte des Hauses ein Baum wächst, die Sonne scheint und die Vögel zwitschern, ist ein exquisiter Unterschied.

Wir zwitscherten auch. Pit und Omar von alten Zeiten, ich von meiner Faszination für Marokko, und als ich von den dreizehn Trommlern sprach und dem Mann, der in ihrem Kreis zu zaubern schien, sagte Omar: »Oh, er heißt Chekaui. Er ist mein Freund. Wenn du willst, mache ich ihn mit dir bekannt.«

Ein Satz, den ich mit wechselnden Namen in den kommenden Tagen oft von ihm hören sollte. Die halbe Stadt war sein Freund. Menschen wie Omar sind wertvoller als Geld, wertvoller als Ruhm und wertvoller als ein liebendes Herz, sie sind in etwa so viel wert wie Geld, Ruhm und Liebe zusammen, denn sie machen alle Türen auf. Allein an diesem Tag waren es vier, und hinter jeder erwarteten uns in verschiedenen Größen und Qualitätsstufen die Gärten der Seligen mit plätschernden Springbrunnen, Rosenbüschen und ein, zwei oder auch drei Bäumen, die nicht nur Schatten spendeten, sondern auch die Früchte, die man für einen Campari Orange braucht. Alle Hausherren waren Europäer, alle Frauen Einheimische. Das vermischte die freiheitlichen Umgangsformen eines aufgeklärten Kontinents mit der Anmut des Orients in einem semiafrikanischen Klima. Farbenfrohe, leichte Stoffe flossen an den Freundinnen der Freunde Omars herab, man lagerte in Polstern, auf Kanapees und Kissen, man hatte Hauspersonal.

»So was will ich auch«, sagte ich am Ende des Tages, und Omar versprach, sich darum zu kümmern. Er kümmerte sich einfach um alles und vor allem um die Stimmung vor Ort. Er nahm jeden positiven Impuls auf und brachte ihn verstärkt wieder hervor. Er verstärkte das Lachen, und er verstärkte das In-die-Hände-Klatschen, und wenn irgendwo ein Tanzbein zuckte, dann zuckten bei ihm zwei, und als wir Stunden später im Nachtclub »Charleston« einkehrten, holte Omar endgültig den Feierderwisch aus sich heraus.

Was genau ist Feiern? Was genau ist Party? Was genau ist das Zusammentreffen von Wein, Weib und Gesang? Es ist zunächst mal ein ursoziales Phänomen. Denn asozial geht es nicht. Allein feiern? Allein trinken? Allein tanzen? Das tun nur traurige Gestalten. Die Party will fließen und nicht in einem dunklen Loch abtröpfeln, und Omar war ein Flussverstärker, ein Tanztransformator, eine organische Aktivbox. Dazu kommt das Yin-und-Yang-Ding, das Pingpong der Geschlechter; die einen schwingen ihre Hüften, die anderen halten die Stellung und den Rhythmus. Omar tanzte mit weit ausgebreiteten Armen, schnippte mit den Fingern und rief »Yalla«; das ist der Kriegsruf jeder marokkanischen Party und heißt »Los geht's« oder »Aufi« oder »Gib Gas, gutes Kind«, und diesem Angebot konnte sich keine Frau in seiner Nähe entziehen. Ansonsten waren die Sitten im »Charleston« ähnlich wie in Tanger, und weil Omar zunehmend außer sich geriet, verhinderte er nicht, dass ich der Falschen ein Getränk anbot, nur weil mir ihre Nase gefiel. Eine große, schmale, leicht gebogene Nase, gleichzeitig edel und wild, gefiel mir so sehr, dass ich mich zu fragen begann, ob sie zur Belegschaft meiner Traumbalustrade gehörte. Die Zweite von links war sie sicherlich nicht, aber vielleicht eine der anderen.

Wir landeten in einer Absteige, in der man keine Zicken machte. In unserem Hotel hätte man Zicken gemacht. Der Schmierlappen von Nachtportier gab uns ein Zimmer, das ich nüchtern sofort wieder verlassen hätte. Klein, dunkel, Läusealarm im Bett. Die Nase zog sich schweigend aus und verschwand etwas schamhaft unter dem Betttuch, das in der Hitze einer marokkanischen Nacht die Decke ersetzt. Ich legte mich zu ihr, ich streichelte und küsste sie. Ich war selbst erstaunt, mit wie viel Liebe ich das tat, aber noch mehr erstaunte es sie. Ich war nicht im Begriff, mich erneut zu verlieben, damit hatten meine Gefühle nichts zu tun. Ich wollte nur gut zu ihr sein und damit so viel wie möglich wiedergutmachen, was ihr andere angetan haben. Andere Männer, andere Umgangssitten, die Religion, das Leben, das Schicksal, das sie in diese Absteige gebracht hatte. Ich wollte die Verachtung wiedergutmachen, die man im »Charleston«, im Taxi und im Hotel wie einen Dreckkübel über sie stülpte, und ich wollte ihr auch die Selbstverachtung mit meinen Berührungen und Küssen ausreden. Ich wollte ihr sagen, du bist gut, und ich bin nicht schlechter als du. So fing es an. Aber dann, ich weiß nicht genau wann, begann die Liebe zur Liebe das Spiel zu übernehmen, die ja eher unpersönlich ist. Aber heilig. Im Idealfall beten beide sie gemeinsam an, aber es reicht auch, wenn nur einer sich der Liebe zur Liebe ergibt.

So ähnlich sah ich das, so ähnlich fühlte ich das, und es lohnt sich, dieses wunderbare Gefühl ein wenig zu sezieren. War es der Rausch, nach dem Ende des Liebeskummers wieder lieben zu können? War es das Festmahl nach zwei Jahren Hunger? Sicher. Aber es war noch mehr. Ich hatte in dieser Nacht die Kunst entdeckt, sich in die Liebe zu verlieben, aber nicht in die Frau. Es war hundertprozentig klar, dass sich diese Nacht nicht wiederholen würde, ich musste sie nicht wiedersehen, wir hatten keine nennenswerte Zukunft, und das machte den Moment so ewig, ehrlich, angstfrei und ergiebig. Der Nase schien es auch gefallen zu haben, wir schliefen danach vertraut miteinander ein, und als wir wieder aufwachten, machten wir es noch einmal, und dann ging jeder allein seiner Gassen.

Meine führte mich durch eine seltsame Schizophrenie. Die Heiligkeit der Nacht war verblasst, das Morgenlicht mit seinem Staub, wehenden Papierfetzen, Abfällen und streunenden Katzen erweckte Scham und Schuld in mir. Ich fühlte mich unter der Haut schmutzig, aber fand das so nützlich und richtig wie eine Akklimatisierung. Ich war in Marokko angekommen. Ich hatte den Touchdown gemacht.

Zwei Tage später begannen dann leider die Schmerzen beim Urinieren, und sie wurden bei jedem Mal stärker, und ziemlich bald schmerzte es auch, wenn ich kein Wasser ließ, und auch dieser Schmerz nahm ständig zu, und dann war die Sache klar. Ich hatte in Tanger meinen Liebeskummer verloren und mir dafür in Marrakesch einen Tripper eingefangen. Mit der ersten Frau von meinem Traumbalkon.

Pit sah das lockerer als ich. »Dein Liebeskummer hat zwei Jahre gedauert, aber der Tripper ist mit einer Wumme Breitbandantibiotika vom Tisch. Das ist wirklich kein zu hoher Preis. Das ist billig, Alter. Und wie geht es übrigens mit deinem Film voran?«

Das Haus der Derwische

Eigentlich wollte ich ja dieses Mal alles richtig machen, denn der zweite Vorschuss für das Drehbuch über die Märchenerzählerin war deutlich höher als der erste, und der Fernsehproduzent, dem ich das Geld zu verdanken hatte, zehnmal so professionell wie der Geldgeber aus Endi Effendis Zeiten. Er war hart, und er wusste, was er tat. Er glaubte an die Geschichte, und er glaubte an mich, und ich glaubte langsam auch wieder an die Karawane und die Satteltaschen der Träume. Als hätte man mir eine Eisenkugel vom Bein genommen, stürzte ich mich deshalb nach der Heilung von meinem Liebesleid und der Heilung von meiner kleinen, gemeinen Geschlechtskrankheit in die Recherche. Ich sah sie dreigeteilt.

1. Sinnliche Recherche:

Dafür war Marrakesch ideal. Hier sah es im Gegensatz zur Türkei noch immer wie im alten Orient aus, und im Gegensatz zu Ägypten war hier niemand verklemmt.

2. Interviews:

Dafür war Marrakesch noch idealer. Gab es in der

modernen Türkei noch Märchenerzähler, die auf den Straßen und Plätzen für ein paar Münzen von Peris und Dämonen berichteten? Nein. Aber in Marrakesch erzählten sie jeden Tag auf dem Djemaa el Fna. Und auch die Trommler um den Träumeverkäufer Chekaui waren nicht irgendwer, sondern Mitglieder einer Bruderschaft von moslemischen Mystikern, die man mit Fug und Recht auch Derwische nennen kann, wie mir Omar erklärte. Marokkanische Derwische sind nicht zu hundert Prozent dasselbe wie türkische Derwische, aber komplett etwas anderes sind sie auch nicht.

3. Studium der Aktenlage:

Der Fernsehproduzent hatte eine türkische Orientalistikstudentin aus Hamburg dafür bezahlt, dass sie mir wissenschaftliches Material rund ums Osmanische Reich besorgte. Gut 25 Kilo davon hatte ich dabei. Sieben Kilo osmanische Geschichte, drei Kilo Reiseberichte aus dem späten 19. Jahrhundert, fünf Kilo Nomaden- und Karawanenwissen und fünf Kilo Wissenschaftliches zu türkischen Volksmärchen sowie Kartenmaterial und die Kurzporträts aller dreißig osmanischen Sultane. Ich trug schweres Wissen mit mir durch die Hotels von Marokko, und darum war es gut, dass Omar so schnell ein Haus für mich fand, wie er es versprochen hatte. Ein Haus, in dem das Märchen beginnen konnte.

Es lag in seiner Nachbargasse, direkt neben einer Moschee. Ein kleines Haus mit mittelgroßem Innenhof ohne Baum, aber mit Springbrunnen und traditionell durchgekachelt. Die Mauern mit einem eineinhalb Meter hohen Fliesenband, dessen Muster aus blauen Blüten mit sonnengelber Mitte bestand, und auf dem Boden hatte man weiße Kacheln mit blauen Rändern zu einem Karomuster zusammengefügt sowie einen großen und einen kleinen, viereckig verlaufenden Ornamentenstreifen drum herum eingefliest, auch in Blau. Das schaffte optisch einen Innenhof im Innenhof im Innenhof. Die Kacheln waren alt, aber ob sie so alt wie das Haus waren, weiß ich nicht; wenn ja, wurden sie seit 270 Jahren von der Sonne gebleicht und vom Regen gewaschen, die Verwitterungen veredelten sie, die Zeit hatte sich als Kokunsthandwerker in ihre Muster gemalt. Oder soll man gemeißelt sagen?

Zwei Treppen, eine verwinkelter als die andere, führten zum ersten Stock und weiter aufs Dach. Es gab auch eine Balustrade. Und wo waren die Frauen? Omar kümmerte sich drum. Und kam mit einer Ebenholzköchin zurück. Sie wohnte bei ihm, das hatte ihm die Suche nicht schwer gemacht, aber sie war für die Küche viel zu schön. Naima stamme aus einem Dorf, in dem es nur schöne Menschen gebe, sagte Omar, und Naima brachte ihrerseits eine Kusine mit ins Haus, die gerade aus der Sahara kam, in der sie für eine deutsch-italienische Bibelverfilmung der Königin von Saba als Dienerin behilflich war. Das nennt man ideales Hauspersonal. Bei uns sollte sie der Köchin zur Hand gehen, die Betten machen und für die allgemeine Sauberkeit Sorge tragen, und für die Drecksarbeit stellte Omar einen jungen Hinkefuß mit bezaubernder Seele und einem schweren Alkoholproblem ein, und das alles geschah am ersten Tag.

Vier Räume, einer unten, oben drei, ich nahm einen mit Tür und Fenster zur Balustrade, stellte meinen Koffer mit den 25 Kilo Türkei in ihm ab und begann mit der Arbeit. Das Haus musste eingerichtet werden, und das machte erwartungsgemäß einen Heidenspaß. Die Gassen in der Altstadt sind zu schmal für Lieferwagen, darum übernehmen Eselskarren die Transporte. Ein Eselskarren für Matratzen, ein Eselskarren für Polster, ein Eselskarren für Kissen. Der war der malerischste Eselskarren meines Lebens. Vierzig Kissen, zu einem Berg gehäuft und mit Stricken mühsam zusammengehalten, schaukelten durch die Medina von Marrakesch, ich ging voran, und unser Hinkefuß für alles folgte hintendran, falls ein Kissen herunterfiel oder herunterzufallen drohte, und für die Schreibtische brauchten wir bereits eine kleine Eselskarren-Karawane. Alte Schreibtische bis hin zu antiken wurden Anfang der Neunzigerjahre in Marrakesch preiswert angeboten, weil die Leute noch keine Ahnung hatten, und ich wollte in meinem Haus so viele Schreibtische wie möglich unterbringen. Ich meinte es wirklich ernst und die anderen auch. Die Königin von Saba und ihre Dienerin kamen mit einem Eselskarren voller Töpfe, Pfannen, Kessel, Schalen und Messern in allen und teils auch bedenklichen Größen vorgefahren, Omars Eselskarren brachte Topfpalmen, und Pit befehligte den Eselskarren für die Hausbar. Er musste dafür eigens in die Neustadt fahren, denn in der Altstadt war der Verkauf von Alkohol traditionell verboten. Zwei Paletten Heineken, flankiert von jeweils einer Flasche Whiskey, Wodka, Rum und Gin, plus eine Palette Cola und eine Palette Soda wurden von dem armen Eselchen einmal quer durch die Stadt gezogen, bevor es keuchend und mit heraushängender Zunge vor unserer Haustür zum Stehen kam.

Zur Einweihungsparty hatte ich alle mir bis dahin von Omar vorgestellten befreundeten europäischen Hausbesitzer und ihre Frauen eingeladen, Naima lud ihre Leute ein, Omar seine, und alle, alle kamen wegen meiner Special Guests: Die dreizehn Trommler und der Träumeverkäufer gaben ein Konzert bei mir. Damit hatte ich instinktiv oder zufällig vieles richtig gemacht. Normalerweise werden zu Hauseinweihungen, Hochzeiten und anderen Festen in Marokko Gnauer herbestellt, die wilden Jungs mit den wie Hubschrauberblätter rotierenden Bommelmützen; dass eine Gruppe von waschechten Derwischen auftrommelt, ist dagegen selten, exklusiv und spannend, denn man weiß ja nie, wer als Erster umfällt.

Warum, weshalb, wieso die schwarzen Marokkaner bei der Musik dieser Trommler zuerst in eine euphorische Hysterie geraten und dann epileptische Anfälle bekommen, weiß nur Gott allein. Ich hatte es schon auf dem Djemaa el Fna beobachten können, und in meinem Haus waren die Trommelschläge und Endlosschleifen-Zaubergesänge noch um einiges intensiver, weil sich ihre Kraft nicht über einen großen Platz verteilen und langsam ausdünnen konnte, sondern in einem gekachelten Innenhof zirkulierte. Zweistöckige Riads sind wie zweistöckige Lautsprecher, und dazu flackerte das Licht von vierzig Kerzen in vierzig Lampen, die ich im Innenhof, auf der Balustrade und auf dem Dach verteilt hatte. Als Erste begann die schöne Naima zu zappeln, die Königin meiner Küche, dann fiel sie zu Boden, wo sie weiterzappelte und schließlich das Bewusstsein verlor. Der Chef der Derwische, der auch in meinem Haus nicht mit den anderen sang und trommelte, beugte sich mit seinen hypnotischen Augen und oberernstem Gesicht tief zu ihr herab, um so lange Koranworte zu murmeln, bis sie wieder zu sich kam. Naima fand es klasse. Sie zog sich nicht zurück, sondern blieb weiterhin nah dran und begann auch schon wieder, ein wenig zu zappeln, und bekam es dieses Mal in den Griff. Dafür fiel die schwarze Frau eines belgischen Architekten um.

Zuckende Leiber, flackernde Lichter, Trommler in Trance vertrieben böse Geister und böse Nagetiere, und danach gab es Couscous in großen Gemeinschaftsschalen, von denen jede mindestens eineinhalb Meter Durchmesser hatte. Die Europäer und europäisierten Marokkaner im Haus aßen mit Löffeln, die Derwische mit der

Hand. Sie hatten sich in der Mitte des Innenhofes um drei der Schalen gesetzt und griffen tief gebeugt kräftig zu. Ich saß derweil ein wenig erhöht auf der Treppe zum ersten Stock und sang zur Gitarre. Ich hatte in den vergangenen Tagen ein neues Lied geschrieben, das meine Liebe zum Gastland thematisierte, und fand den Moment perfekt, um es zu präsentieren. Nach der Wucht des zuvor Vorgetragenen war das keine gute Idee. Ich wurde entschieden zu emotional und zu laut, und als ich das bemerkte, nahm ich keinen Druck raus, sondern baute noch mehr Druck auf, verkrampfte mich, verspielte mich sogar, und als ich auch das mitbekam, hörte ich nicht etwa einfach auf, sondern rettete mich in Pathos und phrasierte Klagen. Was als kleines Dankeschön gedacht war, entwickelte sich zu einem Hilferuf, bei einigen Liedpassagen muss man sogar Hilfeschrei dazu sagen, und die Derwische nahmen es genauso auf.

Ihr Chef mit dem niemals lächelnden Gesicht winkte mich an die Couscousschale, um die er mit den Ältesten seiner Gruppe auf dem Boden saß, und bat mich, zwischen ihm und dem Träumeverkäufer Platz zu nehmen. Ich wollte wie sie mit den Händen essen und beugte mich wie sie dabei tief über die Schale, und als mein Kopf in dem Rund ihrer Köpfe war, fühlte er sich plötzlich wie ein Planet an, der mit anderen Planeten um eine Sonne kreiste. Ich richtete mich auf und war zurück in meinem Haus. Ich beugte mich wieder runter, und erneut wurde es außerplanetar. Das machte ich noch ein-, zweimal, dann gab ich es auf und blieb zwischen ihren Köpfen, weil es nicht nur unerhört angenehm, sondern noch dazu lehrreich war. Auch Planeten singen. Es ist nur eine Schwingung, ausgehend von ihren Rotationen, aber in Derwischohren ist dieses extraterrestrische Klingen die Quelle ihrer Musik.

Mein Harem

Drei Tage nach der Einweihungsfeier kam der Traumverkäufer mit einem Haufen Vögel in mein Haus, um
sich von mir interviewen zu lassen. Mit den Derwischen
arbeitete er nur einen Monat im Jahr, aber die Vögel
waren sein Brotjob auf dem Djemaa el Fna. Er versteht
ihre Sprache, sagte Omar, und Omar war nicht der Einzige, der so sprach. Ganz Marrakesch glaubte daran,
dass Chekaui Träume verkaufen und mit Vögeln reden
konnte. Kleine und große Vögel, die meisten davon Tau-
ben, und es war schon bemerkenswert, wie er sie trans-
portierte. Ein paar auf der Schulter, ein paar im Käfig,
ein paar in einem Sack, und dann noch ein paar, die
frei um ihn herumflogen und bei ihm blieben, egal, wohin er ging. Omar übersetzte Chekaui, der übersetzte die
Vögel.

»Was erzählen sie?«

»Sie rufen den Namen Gottes.«

»Und was noch?«

Chekaui lächelte und schwieg.

»Betriebsgeheimnis«, erklärte Omar.

»Und was ist mit den Träumen? Kann er sie wirklich verkaufen?«

»Verschenken«, korrigierte Omar.

Unterm Strich kam heraus, dass er es konnte. Aber nicht bei jedem. Manche Menschen seien resistent dagegen, aber bei mir sei es leicht gewesen. War das ein Kompliment oder das Gegenteil? Deutete es darauf hin, medial durchlässig zu sein, oder auf Manipulierbarkeit? Das waren die wichtigen Fragen.

Ob Chekaui log oder die Wahrheit sprach, war für mich dagegen von sekundärem Interesse. Es ging mir nur um die gute Geschichte. Und wer eine gute Geschichte so glaubhaft vortragen konnte wie dieser alte Marokkaner, war in meinen Augen schon mal per se ein ehrenwerter Mann. Darüber hinaus sagte er die Wahrheit oder zumindest seine Wahrheit. In seinen Augen fehlte das Lachen der guten Lüge, da waren nur Aufrichtigkeit und Bescheidenheit. Trotzdem gehorchten ihm die Vögel aufs Wort, oder besser, auf Fingerzeig. In Marrakesch ging die Rede, dass sie für ihren Herrn sogar auf Diebesflug gingen und ihm alle Ringe, Armreifen und Halsketten brachten, die sie auf den Balkonen und Fensterbänken in der Sonne blinken sahen, aber Omar hielt das für Geschwätz. Du brauchst ihn nicht zu schützen, Omar. Ich fände es sogar besser, es würde stimmen. Nein, sagte Omar, es ist Geschwätz. Telefon-Arabie. Die Leute hängen gerne erfolgreicheren Menschen, als sie es sind, etwas an. Dann fühlen sie sich gleich besser. Und was genau willst du von ihm wissen? Sein Leben, Omar. Von Anfang an. Und wenn wir damit heute nicht durchkommen, machen wir morgen weiter und übermorgen. Wir haben Zeit. Mir wäre es am liebsten, wir gingen heute seine Biografie im Zeitraffer durch und dockten in den kommenden Tagen an den interessanten Punkten an. Und ich gebe ihm für jedes Mal hundert Dirham. Nein, sagte Omar, fünfzig sind genug.

Ich behielt recht. Wir schafften den Schnelldurchlauf nur mit Mühe. Solche Interviews sind nicht leicht. Omar hatte sein Englisch auf dem Djemaa el Fna gelernt, wie auch sein Deutsch, Spanisch, Japanisch und Italienisch. Nur Französisch sprach er wie die Mehrheit der Marokkaner fließend, aber ich leider nicht. Nicht mal ein bisschen. Omar musste mich verstehen, Chekaui musste Omar verstehen, Omar musste dann wieder Chekaui verstehen und ich Omar. Folgendes kam dabei heraus.

Chekaui wurde in einem Dorf jenseits des Hohen Atlas geboren. Er war das achte Kind, und seine Eltern konnten ihn kaum ernähren. Als Chekaui sechs Jahre alt war, kam ein blinder schwarzer Gaukler ins Dorf, der mit Vögeln arbeitete. Chekauis Eltern fragten den Blinden, ob er einen kleinen Schüler, Diener und Führer gebrauchen könne, und der Gaukler sagte Ja. Chekaui zog viele Jahre mit ihm durch das Land und erfreute sich eines fairen Deals. Er erzählte dem Blinden, was der nicht sah, und der Blinde öffnete Chekauis Ohren für die Sprache der Vögel. Nachdem Chekaui alles von ihm gelernt hatte, wurde er sein Partner und zog noch mal viele Jahre mit ihm von Dorf zu Dorf und von Markt zu Markt, bis der Blinde starb. Kurz vor seinem Tod bat er Chekaui, sich um seine Tochter zu kümmern, was Chekaui tat. Sie lebte noch immer bei ihm. Der Blinde starb in Marrakesch. Und Chekaui schwor an seinem Grab, so lange in der Stadt zu bleiben, bis auch er sterben würde. Er wusste nicht, warum, aber es fühlte sich für ihn richtig an, diesen Schwur zu leisten. Seitdem war Chekaui auf dem Djemaa el Fna. Seit über dreißig Jahren und fast jeden Tag.

Es gab also in der Tat für mich noch viel zu tun. Praktisch jede an diesem Nachmittag gegebene Information schrie nach Vertiefung, und über das Wesentliche wusste ich noch gar nichts. Wie lernt man die Sprache der Vögel? Und was reden sie? Ich gab Chekaui die ersten fünfzig Dirham und verabredete mit ihm, das Interview am kommenden Tag fortzuführen. Er hielt sich nicht an die Verabredung. Er kam nicht am nächsten Tag, auch nicht am übernächsten und überübernächsten. Und er war auch nicht auf dem Djemaa el Fna.

Am vierten Tag ging Omar den Herrn der Vögel suchen und fand ihn krank in seinem Haus. Chekaui hatte meine fünfzig Dirham in Alkohol investiert und kurierte seitdem seinen Rausch aus. Sobald ich davon hörte, beschloss ich, meinen Bezahlmodus zu ändern. Wenn der Derwisch wieder fit sei, bekomme er zwar weiterhin fünfzig Dirham pro Tag, aber ich würde ihm jeweils nur zehn auszahlen. Die gesamte Summe bekomme er erst, wenn wir fertig seien.

Das ist keine gute Idee, sagte Omar. Wenn du ihm am Ende alles auf einmal gibst, ist das auch sein Ende. Einen 1000-Dirham-Rausch überlebt er nicht. Hab Mitleid mit ihm. Er ist dafür zu alt.

Einen Haufen Vögel im Haus zu haben, die unentwegt den Namen Gottes gurren, ist etwas anderes, als einen Haufen Kobras sich durch den Innenhof schlängeln zu sehen. Sechs oder sieben große schwarze Kobras, und sie schlängelten sich schneller, als ich das aus Filmen kannte. Möglicherweise kommen einem aus Filmen bekannte Attacken im wahren Leben immer schneller vor. Ich war noch nie so flott auf der Treppe zum ersten Stock, auch Naima und die Dienerin der Königin von Saba brachten sich schreiend in Sicherheit, dasselbe taten der Hinkefuß und Omar, deshalb wurde an diesem Tag aus dem Interview mit dem Schlangenbeschwörer nichts, und wir luden ihn auch nicht wieder ein. Mustafa dagegen konnte zunächst so oft kommen, wie er wollte. Denn Mustafa war der beste Märchenerzähler auf dem Djemaa el Fna.

Etwa ein halbes Dutzend Kollegen erzählte täglich auf dem Platz Geschichten, die ich nicht verstand, aber ich sah, mit wie viel Kraft sie die erzählten und wie viele ihnen zuhörten. Die meisten hatten ein Publikum, das aus nicht mehr als zehn Leuten bestand, manchmal begnügten sie sich auch mit drei oder vier oder fünf Zuhörern, nur um Mustafa bildete sich regelmäßig ein fettes Halbrund von dreißig, vierzig, an den Wochenenden oft auch hundert Menschen. Mustafa erzählte mit einer dunklen Stimme, schönen Händen und flammenden Augen. Er war etwa vierzig Jahre alt, schlank und groß, und sein Gesicht war ein Gedicht. Ich glaube, er war der bestaussehende Mann, den ich bis dato getroffen hatte, aber seine Aura war so finster wie die Nacht. An den spannenden Stellen unterbrach er seine Geschichten, um Dirham einzusammeln, und er erzählte nicht eher weiter, bis er genug bekommen hatte. Er verlangte laut nach mehr, mir schien, er beschimpfte sogar sein Publikum, wenn es geizig war. Sein Publikum: arme Menschen, die sich keinen Kinobesuch leisten konnten, Analphabeten, denen die Welt der Bücher verschlossen war, Kinder, Krüppel, Kleinkriminelle.

In meinem Haus entpuppte sich Mustafa als Intellektueller aus Casablanca. Er sagte, er habe Politik, Wirtschaft und Literatur studiert und alles abgebrochen. Mit Omar führte er philosophische Gespräche, und je mehr er von unserem Bier konsumierte, desto politischer wurde er. Nüchtern ein Märchenerzähler, betrunken ein Revolutionär. Mustafa sah schlecht. Ohne Brille konnte er die Gesichter seines Publikums kaum sehen, und lesen konnte er natürlich auch nicht ohne sie, und er hatte keine Brille mehr, als wir uns kennenlernten, oder besser, keine, die ihn sehend machte, denn die Gläser waren zerbrochen. Die Gesichter seines Publikums vermisste er weniger, als man glauben sollte, aber das Lesen ging ihm ab. Er brauchte neue Geschichten, er vergrößerte ständig sein Repertoire, er hatte auch nichts dagegen, kosmomärchenhaft zu erzählen und europäische Geschichten zu übernehmen, indische, indianische, japanische, völlig egal, Mustafa war das Einmann-Hollywood vom Djemaa el Fna, aber in meinem Haus erzählte er ein typisch marokkanisches Märchen, weil ich ihn darum bat. Es handelte von Abdel und dem Teufel.

Der Teufel kann eine Seele nicht mit Gewalt an sich reißen, er muss sie verführen, sagte Mustafa. Darum kämpft er nicht mit den guten Seiten der Frommen, sondern kümmert sich um ihre Schwächen. Die Schwachstelle bei Abdel war nicht schwer auszumachen. Abdel war fromm und faul. Das ist für ein geregeltes Einkommen eine ungute Kombination. Entweder ist ein Moslem fromm und fleißig oder faul und unfromm, also kriminell. Der fromme Abdel brauchte deshalb immer Geld. Der Teufel machte sich in der Gestalt eines wohlhabenden Kaufmannes an ihn ran. Er setzte sich im Kaffeehaus zu Abdel, ohne zu fragen, und blieb auch am Tisch konsequent bei seinem schlechten Betragen, was keinem Reichen schwerfällt. Nach einem Zehn-Minuten-Bad in Arroganz, Anmaßung und Besserwisserei wollte Abdel das Weite suchen, aber der Fremde kam ihm zuvor. Er zahlte seinen Tee Menthe, ohne Trinkgeld zu geben, und verließ das Lokal. Aber er hatte seine Tasche am Tisch vergessen. Die Tasche war geöffnet, und Abdel sah, dass sie prall gefüllt mit Gold, Geld und Schmuck war. Besser ging es nicht, um aus einem Menschen einen Dieb zu machen, sagte Mustafa. A) brauchte Abdel nur zuzugreifen, und b) war das Opfer ein Unsympath. Aber Abdel blieb fromm, und der Teufel verlor sein Spiel an diesem Tag.

Darum wollte er am nächsten Tag auf Nummer sicher gehen und kam als wunderschöne Frau daher. Der Teufel hatte sich dieses Mal richtig Mühe gemacht und den perfekten Arsch aus der Hölle mitgebracht. Der Märchenerzähler, da bin ich sicher, hätte auf dem Djemaa el Fna an dieser Stelle eine seiner Dirham-Sammelpausen eingelegt, in meinem Haus unterbrach er die Geschichte nur für einen Schluck Bier. Okay, sagte er, dieses Mal gewann der Teufel sein Spiel. Oder auch nicht. Entscheidet ihr. Was war geschehen? Laut Mustafa kam es noch vor Mitternacht zwischen Abdel und dem perfekten Arsch zu heftigem unehelichen Geschlechtsverkehr, der dem frommen Moslem verboten ist, und zufrieden schlief der Teufel neben dem Sünder ein, der ebenfalls zufrieden einzuschlafen schien. Am Morgen war es dann so weit. Abdel erwachte nicht neben der Frau, sondern neben einer speicheltriefenden, grinsenden Fratze.

»Jetzt habe ich dich«, sagte der Teufel und lachte.

»Wieso?«, fragte Abdel und lachte auch. »Wer hat denn hier wen in den Arsch gefickt?«

Und die Moral von der Geschichte? »An der Sünde kommt keiner vorbei«, sagte der Märchenerzähler. »Darum ist es besser, sie zu genießen als zu bereuen.«

Marokkanische Märchen sind kein Ponyhof, das wurde schnell klar, und der Grund für Mustafas zerbrochene Brille wurde auch bald offenbar, denn er neigte zur Gewalttätigkeit, wenn er restlos besoffen war. Omar warf ihn raus, aber damit war das Problem nicht grundsätzlich vom Tisch. Würde man alle Marokkaner, die nicht mit Alkohol umgehen können, aus dem Haus werfen, säße man bald alleine da. Moslems sind nicht auf die Droge der Christen trainiert. Der kleine Aperitif, der Nervennotfall-Klare, das staubige Bier gegen den Durst, der Weißwein für das Date, der Rotwein für die Gemütlichkeit, das gepflegte Absacken, der heilige Rausch, der geordnete Rückzug, all das ist nicht ihr Ding. Sie ziehen keinen therapeutischen Nutzen aus dem Alkohol, sie trinken zu schnell und zu viel und bis nichts mehr geht, und kurz vorher fliegen die Fäuste, die Messer und/oder der Mageninhalt. Unser Hinkefuß für die Schmutzarbeit erbrach sich ohne Ansatz über den Tisch, an dem ich saß, aber ich konnte es ihm nicht übel nehmen, denn wir verhielten uns mit der Droge der Moslems ähnlich ungeschickt.

»Der Krümel Haschisch macht dich zum Weisen«, sagte Omar. »Und der Krümel zu viel zum Esel.«

Esel schreiben keine Drehbücher. Esel sitzen in ihren Arbeitszimmern über wissenschaftlichen Studien der

Orientalistikfakultäten und machen iah, wenn ihnen was gefällt. Mein Iah-Studium der osmanischen Welt fokussierte sich auf den Harem des Sultans. Iah, er hatte über 900 Frauen. Iah, in allen Farben und Größen. Er konnte nicht mit allen schlafen, trotzdem ging es allen gut. Prinzip: goldener Käfig. Wunderschöne Sing- und Fickvögel standen dem Herrscher über alle Gläubigen gern zur Verfügung, denn in der Haremshierarchie rückten die Frauen, mit denen der Sultan geschlafen hatte, über jene, die er übersah. Wer schwanger wurde, kam eine weitere Stufe höher, und wer ihm einen Sohn gebar, gehörte zu dem Kreis der Prinzenmütter und war damit fast ganz oben. Jeder Karrieresprung war mit Macht- und Komfortzuwachs verbunden. Die Ungefickten schliefen in kleinen Räumen, die Prinzenmütter hatten große Haremswohnungen und private Kastratendienerschaften. Iah, es gab zwei Arten von Eunuchen. Den einen fehlten nur die Hoden, und sie konnten ohne Hilfsmittel urinieren, den anderen hatte man alles abgeschnitten und an der Stelle, wo früher die Peniswurzel gewesen war, einen künstlichen Zugang zur Blase geschaffen, durch den die Eunuchen ein Röhrchen steckten, wenn sie pinkeln mussten. Iah, der Obereunuch benutzte ein goldenes Röhrchen dafür.

Der Obereunuch hatte einiges Sagen, die Ungefickten konnte er sogar auspeitschen lassen, ohne den Sultan vorher zu fragen, ab der Prinzenmütterklasse aber war auch er nur noch ein Sklave unter Sklavinnen und gehorchte, wie die Frauen, der Mutter des Sultans. Sie war die Chefin im Harem. Wer irgendwann mal ihre Stelle einnehmen wollte, musste den Sultan davon überzeugen, dass sie seine Hauptfrau war und er ihren Sohn zu seinem Nachfolger bestimmte. Das war das Traumziel der Haremskarriere, und ein interessanter Bogen: von der Sklavin zur Mutter der Macht.

Aus solchen Bögen kann man doch was machen! Aber statt mich hinzusetzen und schon mal ein paar Haremsszenen für das Drehbuch runterzuklopfen, baute ich mir in Fleisch und Blut einen Harem auf. Zwei Frauen waren dazugekommen, und damit waren nunmehr vier im Haus.

Die neuen hießen Suad und Rabia. Suad kam aus Casablanca, Rabia war ein Landei. Suad war stark, Rabia war lustig. Suad war eine Profihure, Rabia eine Auszubildende. Suad hatte Messernarben. Rabia nicht. Eine trug Suad im Gesicht, aber sie entstellte es nicht, dafür war sie zu klein. Die Narbe unterstrich nur ihre herbe Note. Suad war eine Kämpferin. Zuerst für sich und dann für die Frauenrechte. Sie wollte leben wie eine Europäerin. Sie wollte so frei wie ein Mann sein. Sie wollte Alkohol trinken und in Diskotheken gehen, und all das kann schon im Allgemeinen eine arme Marokkanerin nur als Hure. Bei Suad kam hinzu, dass dieser Beruf in ihrer Familie einiges Ansehen genoss, denn ihre Mutter ist auch eine Hure gewesen, bevor sie die Zuhälterin für ihre Töchter wurde.

Rabia dagegen hatte sittsame Bauern als Eltern, was in Marokko auch kein Vergnügen ist. Nicht wegen der Sittsamkeit, sondern wegen der Landarbeit. Rabia war dafür zu zartgliedrig, verspielt und faul, aber für die Hurerei war sie zu naiv und gutmütig. Suad beschützte sie, Suad lehrte sie, Suad war der Boss des Teams, und darum war es ein Fehler, dass ich Rabia als Hauptfrau erwählte. Das brachte ihre Hurenhierarchie aus dem Takt. Auch Omar verstand meine Wahl nicht, denn noch dazu war Suad eine Orientgranate mit großen Brüsten, schmaler Taille und langen Beinen. Dafür hatte Rabia die schönere Nase, die präziseren Wangenknochen, den schlankeren Hals und keine genetische Veranlagung zum Doppelkinn. Nur ihre Haare waren Quatsch. Die langen Siebzigerjahre-Abba-Ponyfransen machten eine marokkanische Uschi aus ihr, doch wir schleppten sie zum Friseur und ließen ihr eine Kurzhaarfrisur verpassen. Danach hätte Rabia in Paris als Model arbeiten können, brauchte sie aber nicht, weil es ihr ja bei uns an nichts mangelte. Pit, der nur wenige Tage nach dem Einzug der beiden zurück nach Hamburg musste, hatte mir vor seiner Abreise den marokkanisch-korrekten Deal genau erklärt.

»Lass dich nicht verarschen, und verarsch sie nicht. Du bezahlst sie mit einem Rundum-sorglos-Programm. Sie wohnen bei dir umsonst, sie essen, trinken, rauchen und kiffen bei dir umsonst, und wenn du mit ihnen ausgehst oder verreist, ist das für sie auch umsonst. Wenn du sie darüber hinaus noch bar bezahlst, sind das nicht nur rausgeworfene Dirham, sondern auch ein Zeichen für sie, dass du schwach und doof bist, also ein Tourist. Dann verlieren sie die Achtung vor dir, und die Verarsche beginnt. Du wiederum solltest keine falschen Hoffnungen bei ihnen wecken. Mach hier nicht auf feste Beziehung, erzähl ihnen nicht, dass du sie mit nach Deutschland nehmen willst, besteh nicht auf ihrer Treue. Wenn sie ihrem Beruf nachgehen wollen, lass sie es tun, ohne dass sie dich anlügen müssen. Unterm Strich heißt das: Gib ihnen kein Geld, und versprich ihnen nichts. Und schlaf nicht nur mit einer. Beleidige die anderen nicht.«

Rabia wusste von der Gefahr, die in der Monogamie liegt, und sie führte mich deshalb hin und wieder zu Suads Bett, auch die Dienerin der Königin von Saba machte mit, was dann aber leider Hierarchieprobleme mit deren Chefin brachte, denn mit Naima schlief ich nicht. Das war nicht die Schuld der Köchin. Ich stand einfach nicht auf schwarze Frauen. Sie reizten mich nicht, egal, wie reizvoll sie waren. Um diesen sexuellen Rassismus wiedergutzumachen, gab ich ihr umfangreichere administrative Rechte, als einer Köchin zustanden. Naima hatte im Haus mehr als Rabia und Suad zu sagen, und deswegen flippten die beiden Huren ein bisschen aus, weil sich in Marokko Weiße von Schwarzen grundsätzlich nichts sagen lassen. Omar hatte jede Menge zu tun, um meine Fehler zu korrigieren. Er machte das diskret, damit ich es nicht mitbekam, er berichtete auch keine Details seines Tuns, er sagte nur: »Problem finish«, wenn er damit fertig war, und er beschwerte sich nicht einmal bei mir, dass er am nächsten Tag schon wieder hinter mir herputzen musste. Im Gegenteil.

»Vier Frauen im Streit sind besser als vier Frauen, die gegen dich zusammenhalten«, sagte Omar.

Meine Studien der osmanischen Geschichte bestätigten das.

Es gab ein paar Jahrzehnte im 17. Jahrhundert, in denen die Haremsdamen die Macht über das Weltreich ausübten, weil sie die Macht über den Sultan hatten. Sexuelle Abhängigkeiten wurden geschaffen und Drogen verabreicht. Haschisch für die Geilheit, Opium für die Willenlosigkeit, solche Sachen. Theoretisch hatten sie noch immer den Status von Sklavinnen, aber praktisch bestimmten sie die Grundzüge der Politik und der Wirtschaft und ließen sogar Großwesire köpfen. Rabia, Suad, Naima und die Dienerin der Königin von Saba hätten es so leicht mit mir gehabt, wenn sie nicht ständig verstritten gewesen wären. Denn wie sagt man in Marrakesch? Touristen sind wie durchziehende Milchkühe, und Touristen, die Häuser haben, sind wie Milchkühe, die bleiben. Unter dem Regiment einer vereinigten Viererbande wäre mein Vorschuss noch rasanter geschmolzen, als er es ohnehin schon tat, und als Erstes hätten sie Omar rausgeworfen, der im Haus den Großwesir gab.

Ich war die absolute Macht, und er übte sie aus. Trotzdem war das Haus für vier Frauen zu klein.

Omar fand ein größeres. Es kostete 800 Mark Miete im Monat und war damit nur doppelt so teuer wie das kleine, obwohl es viermal so viel Platz bot. Neun große Räume statt vier kleine, und der größte war ein Saal. Der Innenhof war so weitläufig wie ein privater kleiner Park im Quadrat, er hatte vier Orangenbäume und einen doppelschaligen Springbrunnen, und weil ein viermal so großes Haus nach viermal so viel Mobiliar verlangte, musste das Drehbuch weiter warten. Wieder rollten die Eselskarren. Wieder verbrachte ich meine Tage in den Läden und Werkstätten des Basars, wieder trank ich mit den Nähern, Polstermachern, Möbeltischlern und Kunsthandwerkern zu viel Tee, und als der Palast betriebsbereit war, gab es natürlich auch wieder eine »Grand Opening Party«, zu der jetzt viermal so viele Gäste erschienen, von denen viele dann immer wieder kamen, also jeden Abend oder jeden Tag.

Mein Super-Riad wurde zur Backstage des Djemaa el Fna, der Hangout von großen Gauklern, kleinen Gaunern und Schleiermädchen, die bei uns die Schleier abnahmen, und alle waren unterhaltsam und sympathisch und wollten sich nützlich machen. Keiner war link oder schmierig, weil alle im weitesten Sinne Omars Freunde waren. Die Linken brachte ich ins Haus, aber die sortierte Omar in seiner Eigenschaft als Großwesir schnell wieder aus.

Omar hatte alle möglichen Freunde, auch seriöse, und einer seiner besten seriösen Freunde war der Polizeichef von Marrakesch. Ich wusste das nicht, als er mit Omar ins Haus kam. Ich sah nur einen freundlichen, hellwachen Mann in einem schneeweißen Jelaba aus teurem Material. Ich bot ihm einen Joint an. Er lehnte lachend ab.

Und als er wieder fort war, sagte Omar: »Jetzt ist alles klar. Ab sofort kannst du hier machen, was du willst, und niemand in Marrakesch wird dich anrühren.«

»Warum?«

»Mein Freund war sehr beeindruckt von deiner Gastfreundschaft.«

Omar half mir auch beim Lichtanmachen. Ein viermal so großes Haus braucht viermal so viele Kerzenlampen, und wenn ein viermal so großes Haus vier Bäume im Innenhof hat, in die man Lampen hängen kann, braucht es achtmal so viele. Unterm Strich waren es siebzig Kerzenlampen, die im Verlauf eines Abends zweimal bedient werden mussten, manchmal auch dreimal, denn die langen, dünnen marokkanischen Haushaltskerzen aus minderwertigem Wachs brannten in zwei Stunden herunter. Ich verbrauchte täglich locker hundert bis hundertvierzig Kerzen, und für Omar war das nicht sonderlich gewöhnungsbedürftig, obwohl er in seinem Haus mit zwei Kerzen am Abend auskam. Aber er glaubte mir aufs Wort, dass Kerzenlichter Engel anziehen und es keine Verschwendung war, den Riad zu einer Landebahn für sie zu machen. Und Arbeit war es auch nicht. Eher eine allabendliche kleine Zauberei. Es werde Licht in den Bäumen und um die Bäume herum, es werde Licht am Brunnen und in den Fenstern der um den Innenhof liegenden Räume, es werde Licht rings um die Balustrade des ersten Stocks und auf dem Dach, es werde Licht in den Fluren und auf den Treppen, es werde Licht in allen acht Räumen und dem Prachtsaal, und last but not least werde es Licht auf unseren Netzhäuten und in unseren Köpfen.

Ich brauchte Omar nichts zu erklären und ihn auch nicht zu bitten. Er übernahm praktisch aus dem Stand meine Liebe zur Generalerleuchtung, und ich dockte an seiner Liebe zu Pflanzen an. Die Zärtlichkeit, mit der er ein Blatt aufhob, das vom Baum gefallen war, wie es in seiner Hand lag und sich dort wohlfühlte, gestreichelt und geborgen und voller Vertrauen, dass es nicht in einem stinkenden Müllsack enden würde, sondern irgendwo zwischen Blumenbeeten oder in dem neuneckigen Auffangbecken des Springbrunnens, in dem es sich mit den Blütenblättern vergesellschaftete, die aus der oberen Brunnenschale herabgetorkelt waren. Wir benutzten den Brunnen wie eine überdimensionale Blumenvase. In der oberen Schale waren die frischen Rosen, in der unteren frischten wir die verwelkten Blüten wieder auf. Ich lernte von Omar, mit Pflanzen zu reden, er lernte von mir, mit Licht zu malen, und gemeinsam lernten wir, dass es besser ist, gemeinsam zu schweigen als alleine. Wir konnten stundenlang die Klappe halten und den siebzig Kerzen beim Flackern zusehen.

So vergingen die Tage, Wochen und Monate, so kam der Sommer in die Stadt, und, wie soll ich es sagen, bei fünfzig Grad Celsius und einer staubtrockenen Luft denkt sowieso niemand in Marrakesch mehr daran, ein Drehbuch zu schreiben, weil in der Hitze Gehirne wie Spiegeleier braten und das Blut im Körper nicht mehr zirkuliert, sondern in einer Art Ursuppe kocht, die hin und wieder mal Blasen schlägt. Und als es dann endlich wieder kühler wurde und der Herbst zur Arbeit rief, klingelte das Telefon, und ein Fremder kündigte seinen Besuch an.

»Papa?«, fragte ich.

»Was heißt hier ›Papa‹?!«, sagte er.

Was heißt hier »Papa«?

Mein Großvater mütterlicherseits trug Gott nicht auf der Zunge. Er war ein herzensguter Mann, er predigte mit Taten, während meine Großmutter mütterlicherseits die geborene Missionarin war. Sie quatschte die Familie und das Dorf mit Jesus voll, was man der bildschönen Frau aber nicht übel nahm. Mein Großvater war ebenfalls ein Bild von einem Mensch. Ergebnis: Eine ihrer beiden Töchter sah wie Marilyn Monroe und die andere wie Katharine Hepburn aus. Ich bekam die Monroe zur Mutter. Aber vorher kam mein Vater ins Dorf. Er fuhr einen Lastwagen und hielt vor dem Gasthaus an, in dem die Dorf-Monroe als Kellnerin arbeitete. Und nun frage ich mich, was wäre aus mir geworden, wenn meine Mutter an diesem Tag freigehabt hätte?

Hätte meine Mutter an diesem Tag freigehabt, könnte ich nun viel von Bambis und Frischlingen erzählen, denn es gab bereits einen Verehrer, der nahe daran war, ihr Herz zu erobern, und dieser Mann war der Förster der Gegend. Der Wald als Spielplatz, mit Mutter im Gemüsebeet und einer flügellahmen Eule auf dem Fensterbrett, wäre dann die Welt meiner Kindheit und Jugend gewesen, außerdem hätte ich meinen Vater jeden Tag gesehen. Aber sie hatte nicht frei, als der Fernfahrer die Gaststube betrat. Das führte zunächst zu mir und wenig später zu einer desaströsen Ehe, der sich meine Eltern durch Arbeit entzogen. Mein Vater entzog sich am weitesten. Er kam nur am Wochenende nach Haus, das heißt, er hat mich nur einmal in der Woche angeschnauzt, und das bringt natürlich nichts, so lernt ein Sohn nicht, was er von einem Vater lernen kann, und im Nachhinein muss ich sagen, das war mein Glück.

Ich hatte mal einen Freund namens Johannes. Ich nannte ihn Johnny. Sein Vater war immer da und hatte ihn alles gelehrt, was er wusste, und das war viel, denn Johnnys Vater war ein leidenschaftlicher Lehrer. Und er sah ihn jeden Tag. Johnny lernte von seinem Vater, wie ein Mann geht, wie ein Mann lebt, wie ein Mann liebt, wie ein Mann trauert und wie ein Mann Träume begräbt, dazu Manieren und Moral sowie den Umgang mit Frauen; in allem war Johnny sattelfest. Der Sohn eines Vaters, der immer da ist, wäre besser dran gewesen als der Sohn eines Vaters, der nur am Wochenende kommt, wenn es da nicht noch ein Problem gegeben hätte.

In dem Sack voller Talente, den Johnny in seiner Wiege fand, war das größte die Schauspielerei, und das ist nicht verwunderlich, denn er stammte aus einer Familie, die Generation für Generation leidenschaftliche Schauspieler hervorgebracht hatte, und sogar einen be-

rühmten. Johnnys Großvater, Urgroßvater, Ururgroß-
vater und Urururgroßvater, alle waren Schauspieler, nur
sein Vater nicht. Sein Vater hasste Schauspieler, und er
hat es Johnny immer und immer wieder gesagt. Du kannst
alles werden, mein Sohn, alles, nur nicht Schauspieler!
Sie sind der Abschaum der Künste. Die Huren der Kul-
tur. Und weil Johnny seinen Vater liebte und ehrte,
verachtete auch er diesen Beruf sein Leben lang, obwohl
er leider der geborene Schauspieler war. Er sah auch
wie einer aus. Und er besaß ein gewaltiges Charisma.
Als Schauspieler hätte Johnny das Zeug zu Weltruhm
und unheimlich viel Kohle gehabt, stattdessen verdiente
er mit Fotografie, Fahrradreparaturen, Musizieren und
kleinen Deals so gut wie nichts.

Johnny verlor nie seine Würde. Im Gegenteil, die
hohe Kunst, Armut mit Stil zu ertragen, hat seine immer gepflegte, gut gekleidete Erscheinung noch würdi-
ger gemacht. Johnny war ein Ehrenmann. Trotzdem
war er stinksauer, dass ihm nur die Ehre gebührte, und
nicht Geld und Ruhm. Das war keine verletzte Eitelkeit
und auch kein Größenwahn. Das war die realistische
Einschätzung der Lage. Er hätte den Jahrhundertschau-
spieler mit links gemacht. Stattdessen hörte er auf seinen
Vater und hasste mit zunehmendem Alter die Welt. Und
jetzt frage ich mich noch einmal: Wer hatte den besseren
Vater, Johnny oder ich? Seiner war immer da und hat
ihn wunderbar erzogen, aber in einem entscheidenden
Punkt fehlprogrammiert. Meiner war immer unterwegs,

und ich habe mich selbst programmiert. Dabei ist auch einiges schiefgegangen, aber in der Frage der Berufswahl hat die generelle Nichteinmischung meines Vaters in meine Erziehung genau das Richtige getan. Er hat nie zu mir gesagt, Junge, du kannst alles machen, nur nicht das, was du am besten kannst.

Dieses unglaubliche Glück, aufzuwachsen, ohne dass Eltern stören, genoss ich die ersten sieben Jahre bei meinen Großeltern väterlicherseits. Das war ne ganz andere Truppe als die von meiner Mutter. Zwar waren auch sie evangelische Christen, aber das bedeutete ihnen nicht unbedingt mehr als die Mitgliedschaft im Hühnerzuchtverein. Eher weniger. Trotzdem, oder möglicherweise genau deshalb, waren sie herzensgute Menschen. Die Herzensgüte meiner Oma entfaltete sich an dem großen gusseisernen Ofen, auf dem sie von morgens bis abends kochte, und mein Opa machte Späße dazu, auch von morgens bis abends.

Wenn Humor etwas ist, das genetisch und sozial vererbt wird, dann habe ich meinen von Wilhelm, kurz Willy Timmerberg. Vielleicht habe ich auch die Reiselust von ihm, denn der Spaßvogel unseres Stammbaums ist sein ganzes berufstätiges Leben als Schlafwagenschaffner auf Achse gewesen. Großartige Leistung. Er hätte auch verbittert sein können. Er war der älteste Sohn eines der reichsten Bauern der Gegend, aber eine Stiefmutter sorgte dafür, dass er enterbt wurde. Reichsbahn statt Reichtum, es hat ihn nicht geschert, und auch durch die zwei Weltkriege ist er ohne Schusswunde gekommen. Nicht mal einen Streifschuss hat er sich eingefangen. Spaßvogel, Glückspilz, zeugefreudig. Drei Söhne, zwei Töchter, einen Haufen Enkelkinder, die alle in der Nähe wohnten und von denen auch immer wer in seiner Küche weilte, und ich, als der vorläufig letzte Neuzugang der großen Familie, war der Knabe, der an der Quelle saß. Und sich alles erlauben konnte. Es gab keine Verbote, es gab kein böses Wort, es gab keine Ohrfeige. Lachen und Liebe erfüllten die Wohnstube meiner Kindheit. Das einzige einigermaßen dramatische Erlebnis, an das ich mich erinnern kann, ist die Folterung meines Teddybärs durch Onkel Wilfried.

Onkel Wilfried war der jüngere Bruder meines Vaters. Ihre Beziehung war problembeladen. Onkel Wilfried hielt meinen Vater für einen Aufschneider, und mein Vater hielt ihn für einen Schwächling. Man kann es auch anders sagen: Mein Vater hatte Erfolg, und Onkel Wilfried hatte Depressionen, aber was hatte ich damit zu tun? Und was mein Teddy? Ich liebte meinen Teddy, und mein Teddy liebte mich, und das ging schon lange so. Meine Oma hatte ihm mehrfach neue Ohren angenäht und einmal ein neues Bein, auch die Augen wurden durch neue ersetzt, wenn sie herausgefallen waren. Mein Teddy war unsterblich, aber nicht schmerzunempfindlich. Ich wusste, dass er es nicht war. Ich schrie wie am Spieß, als Onkel Wilfried meinen Teddybär über sein Bein legte und mit der flachen Hand den Teddypo zu schlagen begann. Und mit der anderen Hand kniff er ihm ins Ohr. Mein Opa ging dazwischen, und Schlimmeres ist in den ersten sieben Jahren meiner Kindheit nicht geschehen. In den nächsten sieben Jahren auch nicht.

Meine Eltern bezogen eine eigene Wohnung und nahmen mich mit, und weil sie beide weiterhin ihrer Ehe durch Arbeit so gut entflohen, wie es ging, sah ich auch weiterhin meinen Vater nur am Wochenende und meine Mutter nur frühmorgens und spätabends, die Tage dazwischen waren elternfrei. Auch großelternfrei. Und wieder fand ich das einfach nur toll. Erst sieben Jahre totale Liebe, dann sieben Jahre totale Freiheit. Und alles zur richtigen Zeit. Und am richtigen Ort. Bad Oeynhausen. Meine Großeltern väterlicherseits wohnten am Rand der neben Bad Salzuflen wichtigsten Kurstadt Ostwestfalens, und am Rand ist wörtlich gemeint, denn hinter dem Haus, in dessen Erdgeschoss sie lebten, erstreckte sich zunächst Ackerland und dann Wald und dann wieder Ackerland.

Die neue Wohnung meiner Eltern aber lag mittendrin. Fünf Minuten bis zum Bahnhof, fünf Minuten bis zum Kurpark, fünf Minuten bis zur Schule, fünf Minuten bis zum nächsten Eissalon, und die Homebase waren 75 Quadratmeter Altbau unterm Dach. Wohnzimmer, Schlafzimmer, Kinderzimmer, Küche, großer Flur, kein Bad. Das war meine Welt, mein Universum, meine Wohnung, in der ich ungehemmt individuelle Lebensmodelle zu entwickeln begann. Um keine Hausaufgaben machen zu müssen, schwänzte ich zum Beispiel jeden zweiten Tag die Schule und ging stattdessen in den Kurpark von Bad Oeynhausen und fütterte Eichhörnchen. Sie sind die Guten unter den Nagetieren. Vegetarier, putzig, pestfrei, handzahm, wunderschöne Schwänze. Jeden zweiten Tag war ich bei ihnen, und warum ich damit in der Schule durchkam, gehört zu den ungelösten Fragen meines Lebens.

Es gibt viele offene Fragen dieser Art, aber man kann sie leicht in nur einer bündeln: Warum kam ich immer und überall irgendwie durch, wo andere nicht durchkamen? Warum führe ich ein Leben, das nicht funktionieren kann und doch funktioniert? Warum bin ich freier, als die Polizei erlaubt? Ich sage es noch einmal: weil mich niemand fehlprogrammierte und mich niemand ausbremste, als ich ein Kind war. Ich spielte enthemmt, und wenn man es recht bedenkt, erzählte jedes Spiel eine Geschichte. Ich erzählte immer dieselbe, in immer neuen Variationen zwar, aber mit immer demselben Ende. Römer gegen Germanen. Damit hatte ich schon bei meinen Großeltern angefangen. Beim Mittagessen. Mein Teller repräsentierte die Heimat, der Kartoffelbrei waren die Germanen, die Erbsen waren die Römer. Mit meiner Gabel richtete ich Katastrophen in Cäsars Heeren an. Entweder ich schaufelte Furchen durch die Legionen, oder ich zermatschte Kohorten, oder ich spießte fünf Römer gleichzeitig auf. Was hatte ich gegen Römer? Und was hatten sie gegen meinen Kartoffelbrei?

Nun, das ist eine alte Geschichte, und nach dem Umzug in die Wohnung meiner Eltern begann ich, sie zwar nicht neu, aber mit neuen Mitteln zu erzählen. Sie waren etwas größer als Zinnsoldaten und aus einem Material, das eine originalgetreue Detailverliebtheit zuließ. Der Hersteller deckte mit seinen Figuren zwar alle Epochen ab, es gab die Ritter des Mittelalters, es gab Cowboys und Indianer, aber den größten Teil seines Sortiments bevölkerten Römer und Germanen mit gezogenen Waffen. Römische Konsuln in ihren prächtigen Rüstungen, die Kavallerie, die Bogenschützen, der klassische Fußlegionär mit Kurzschwert oder Speer standen gegen langhaarige, halb nackte Germanen, die ohne Brustpanzer, aber mit gewaltigen Rundschilden und Langschwertern antraten. Auch sie hatten Pferde, aber nicht so viele, doch das war ihnen egal. Sie gewannen ja trotzdem am Ende immer.

Auch die römische Kriegsmaschinerie war mit derselben Liebe zum Detail und maßstabsgetreu hergestellt und von mir auf dem Wohnzimmerteppich aufgebaut. Es gab Steinschleudern, es gab Speerschleudern, es gab Rammböcke, es gab Eroberungstürme. Letztere hatten nur einen Sinn, wenn es auch Stadtmauern, Wälle oder Burgen zu erobern galt. Die baute ich aus den Verpackungen der Figuren. Und aus einem Erdbeerkörbchen machte ich eine Art Sessellift. Mit Nähgarn zog ich eine Schnur von einem Stuhlbein zu einer Lampe. Unter der Schnur war die Festung, an der Schnur hing das Erdbeerkörbchen, in dem Erdbeerkörbchen standen die Bogenschützen, wenn es sich um Römer handelte. Wollten Germanen römische Stellungen aus dem Erdbeerkörbchen angreifen, warfen sie mit den Walnüssen, die eigentlich für die Eichhörnchen waren.

Die elternlosen Abende waren nicht weniger erbaulich. Wir hatten eine Nachbarin, in deren Wohnung ich durch unser Küchenfenster sehen konnte. Eine junge, unverheiratete Frau, die das Damenwäschegeschäft unten im Haus führte. Ende der Fünfzigerjahre verkaufte man in solchen Geschäften Korsetts, Korsagen, Korseletten, Taillenmieder und Strumpfgürtel nicht als Nuttenwäsche, sondern weil es nichts anderes gab. Jeden Abend, wenn bei ihr das Licht anging, löschte ich das Licht in unserer Wohnung und stellte mich ans Küchenfenster. Sie zog ihre Oberbekleidung immer sehr schnell aus, ihre Wäsche in der Regel später. Sie fühlte sich wohl darin, sie ging durch ihre Wohnung und machte irgendwelche normalen Sachen, die aber für mich die Sensation des Abends waren.

Meine Sicht in ihre Wohnung beschränkte sich auf einen Blickkorridor von nur wenigen Quadratmetern, durch die sie sich bewegte, hin und wieder blieb sie auch mal stehen oder bückte sich, um ein Kissen zurechtzurücken, oder sie beugte sich, um auf ihrer Fensterbank Staub zu wischen, und das Bücken und Beugen war natürlich immer das Beste, denn dann sah ich entweder ihre filigran dekorierten Brüste oder ihren von Strumpfhaltern eingerahmten Po. So sah ich sie von vorn, von hinten und von der Seite, und manchmal sah ich auch nur einen Teil von ihr, ein schwarzes Nylonbein, das von dem Sofa hing, einen geschnürten Rücken, eine Wade mit Naht, und von all diesen Schnüren, Spitzen, Nähten und Verschlüssen gefielen mir von Anfang an die Strapse am besten.

Was ich damit sagen will? Durch die Berufstätigkeit meiner Mutter und die Abwesenheit meines Vaters hat meine Kindheit nicht mehr traumatische Erlebnisse anzubieten als die Folterung meines Teddys durch Onkel Wilfried und die Erfindung der Strumpfhose.

Als ich siebzehn wurde, verließ ich das vaterlose Elternhaus und hab meinen Vater danach kaum noch gesehen. Ich vergaß seine Geburtstage, ich rief ihn einmal im Jahr an, und alle zwei, drei Jahre besuchte ich ihn. Ich hatte damit kein Problem, er aber schon. Er beschwerte sich, schaffte es aber nicht, mir ein schlechtes Gewissen zu machen. Wenn ein Sohn wenig emotionale Bindung zu seinem Vater verspürt, ist das selten die Schuld des Sohnes. Ich hatte keine Gefühle für ihn, aber auch keine gegen ihn. Er war mir egal, er interessierte mich nicht, ich hatte nichts mit ihm zu tun. Ich sah ihn als Erzeuger, nicht als Vater. Eigentlich war er ein Fremder für mich. Noch dazu ein Fremder, der mir auf den Keks ging. Er hatte die Angewohnheit und die Fähigkeiten, mich unter

Leuten zum Idioten zu machen. »Ich bin der Vater dieses missratenen Sohnes« war einer seiner Standardsätze. Außerdem tolerierte er kein Haschisch.

Warum ich ihn trotzdem Papa nannte, als er mich in Marokko anrief, weiß ich nicht. Er mochte das nicht. Er wollte, dass ich Vater sagte.

»Papa?«

»Was heißt hier ›Papa‹?!«

»Du willst nach Marrakesch kommen?«

»Das habe ich in der Tat vor.«

»Zu mir?«

»Zu wem sonst? Oder willst du mich in ein Hotel abschieben?«

»Ach was, ich freue mich sehr. Aber ich arbeite gerade sehr viel an einem Drehbuch.«

»Willst du damit sagen, dass du für deinen alten Vater keine Pause machen kannst?«

»Nein, natürlich nicht.«

Padre de Patron

Als ich ihn vom Flughafen abholte, begann ich sofort, die Tage zu zählen, die vergehen mussten, bis ich ihn hier wieder absetzen würde. Allerdings hat kein Mensch nur ein Ich. In jedem tummeln sich vier, fünf, sechs oder sieben, die sich im besten Fall tolerieren, im zweitbesten Fall ignorieren und, wenn es schiefgeht, bekriegen. Das Ich, das sich für gewöhnlich für die Beziehung zu meinem Vater zuständig fühlte, stellte sich auf eine schwierige Woche ein, von deren erstem Tag die erste Stunde gerade begann, und tröstete sich mit der »Shit happens«-Philosophie. Ein anderes Ich dagegen freute sich, für ihn den Reiseführer durch meine Märchenwelt zu spielen. Wir begrüßten uns wie immer mit festem Handschlag, denn Umarmen fand er schwul, und schwul fand er schlimmer als kriminell. Damit war er in Marrakesch natürlich genau an der richtigen Adresse. Hier gibt es nicht mehr Schwule als Kriminelle. Es gibt auch nicht mehr Kriminelle als Schwule. Es gibt nur jede Menge kriminelle Schwule. Oder, um es präziser zu formulieren, jede Menge kriminelle Halbschwule, denn die meisten sind bisexuell. Pit hatte es mir mal folgendermaßen erklärt: »Der Unterschied zwischen einem heterosexuellen und einem schwulen Marokkaner sind drei Flaschen Bier.«

Ich hatte meinen Vater oft im Verdacht, in mir einen versteckten Schwulen zu sehen. Er fand zu viel von meiner Mutter in mir. Ich war zu weich für ihn. Manchmal glaubte ich selbst daran, und es wäre ja auch absonderlich, wenn von den vielen Ichs in mir alle nur auf Frauen stehen würden. »Ich bin stockschwul«, sagte ich deshalb gern, wenn mich jemand danach fragte, »aber leider ekele ich mich vor Sex mit Männern.« Mein Vater konnte darüber nie lachen. Er verlor bei dem Thema immer und sofort seinen Humor. Ich war deshalb froh, ihm in meinem Haus vier Frauen zu präsentieren. Er fand aber schon die Anfahrt zu meinem Harem sensationell.

Mein Vater war noch nie im Orient gewesen, und ich hatte mir für den Erstkontakt einen Dreistufenplan zurechtgelegt und zog ihn sauber durch. Vom Flughafen bis zum Hotel »La Mamounia« nahmen wir ein Taxi, und auf dieser Etappe sah er erst viele Palmen, dann weniger Palmen und dann die Mauern der Königspaläste mit hier und da einem Kamel davor, und als er schon glaubte, besser gehe es nicht mehr, hob die zweite Etappe an, und wir stiegen in eine Pferdekutsche um. Mit ihr rollten wir durch das Tor zur alten Stadt, und mein Vater wurde stumm.

Normalerweise redete er für meinen Geschmack zu viel und zu laut, aber jetzt verschlug es ihm die Sprache. War das Faszination oder Irritation? War das Straßenverkehr oder Krieg? War das schon Mittelalter oder noch Altes Testament? War das Chaos oder Orient? Und wo ist da der Unterschied? Tausendundeine Nacht schlug an die Kutsche wie die Wellen eines aufgewühlten Meeres an ein Boot, und kaum hatte er sich daran gewöhnt, hielt die Kutsche an, und die dritte Etappe begann. Wir mussten zu Fuß weitergehen, weil die Gasse, in der mein Haus lag, viel zu schmal für eine Kutsche war. Die Gasse betrat man durch ein Loch in der Wand.

»Junge, weißt du, was du tust?«

»Nein, natürlich nicht. Aber da müssen wir durch.«

Obwohl die Gasse nur zehn Meter entfernt von dem Tohuwabohu auf der Straße verlief, war sie leer und, bis auf die Katzen, gerade unbelebt. Ich versuchte, sie mit seinen Augen zu sehen. War das unheimlich oder malerisch für ihn? Oder beides, also unheimlich malerisch? Wahrscheinlich glaubte er, in ein Armenviertel geführt zu werden, denn kein Haus hatte Fenster zur Gasse, und alle Türen waren klein und schief, und er wusste ja nicht, dass hier alle Fenster zu den Innenhöfen gehen, und er wusste auch nicht, dass selbst wohlhabende Hausbesitzer die Außenmauern ihrer Riads absichtlich unattraktiv und ärmlich gestalten, damit kein Dahergelaufener sehen kann, ob sich eine Hütte oder ein Palast dahinter versteckt. Und vor allem wusste er nichts von meiner

Orangenbaumoase, in der vier Prachtweiber am Rosenbrunnen auf ihn warteten. Und ich wusste nichts von den schneeweißen Dienstmädchenschürzen, die sich Naima und die Dienerin der Königin von Saba heimlich gekauft hatten. Deshalb waren wir beide einigermaßen von den Socken, als wir meinen Innenhof betraten.

Das ist in Marrakesch immer ein besonderer Moment und gehört im Vorfeld noch genauer beschrieben, sonst versteht man ihn nicht. Denn zwischen den inneren Paradiesen der Riads und dem Labyrinth der Gassen liegt noch das Minilabyrinth der Eingangsflure. Auch die sind der Diskretion geschuldet. Wer durch die offene Haustür nach innen blickt, sieht nichts außer einem schmalen, dunklen Gang, der vor einer Wand nach rechts abknickt, und ist man bis dahin gelangt, sieht man auch wieder nur die nächste Wand, vor der es nach links weitergeht, und erst dann öffnet sich die Tür zu den geschützten Welten des Privaten.

Ich bedauerte ein wenig, dass es nicht schon Abend war und deshalb keine Kerzen brannten, aber die Sonne schuf in ihrer Kumpanei mit dem Blätterdach der Bäume auch ohne siebzig flackernde Flammen ein träumerisches Gemälde aus Licht und Schatten. Goldene Inseln, goldene Tropfen, goldene Gitter lagen auf den Kacheln des Innenhofes, Vögel zwitscherten in den Bäumen, der Springbrunnen plätscherte, die Katzen schnurrten, und mittendrin stand das bildschöne Personal in den neuen Dienstklamotten, um den Padre des Patrons zu empfangen. Die weiße Schürze stand der schwarzen Köchin natürlich am besten, zusätzlich hatte sie sich noch einen weißen Turban aufgesetzt. Suad und Rabia trugen, ihrer Stellung im Haus entsprechend, normale Klamotten, aber auch Suad hatte eine Überraschung in petto, denn als es dunkel wurde und endlich die Kerzenorgie begann, erschien sie in Bauchtanzgarderobe und zeigte, was sie konnte. Zu der schwingenden Hüfte, dem kreisenden Nabel und dem hüpfenden Dekolleté balancierte sie noch ein Tablett mit brennenden Kerzen auf dem Kopf. All das hatte sie für mich nie getan.

In Marokko sind die Eltern heilig, und der Vater ist eine Respektsperson, die gleich nach Allah kommt. Deshalb verstanden sie nicht, was ich ihnen darüber erzählt hatte, wie es zwischen mir und meinem Vater stand. Und hätten sie es verstanden, wären sie noch immer weit davon entfernt gewesen, es zu akzeptieren. Niemand kommt aus seiner Haut. Niemand will sich verbiegen. Von der Welt des Westens übernahmen sie deshalb gerne die Joggingschuhe, die Diskotheken und die freie Sexualität, aber nicht die Auflösung der Familie. Einen Vater nicht zu ehren war für sie so unnatürlich wie ein Kind nicht zu lieben. Und sie begannen, mich zu missionieren. »Ohne ihn wärst du nicht hier«, sagte Omar. »Ohne deinen Vater hättest du nie Marrakesch gesehen. Willst du ihm nicht dafür danken?«

Ich dankte es ihm mit ihnen. Sie machten meinen Job. Vierzehn Tage lang wurden ihm die Ehre, Wertschätzung und Aufmerksamkeit dargebracht, die er nicht verdient hatte, was ihn rasend schnell zu einem anderen Menschen machte. Er wurde stolz auf mich. Er lobte mich. »Da muss man erst nach Marokko kommen, um zu sehen, was sein Sohn draufhat«, sagte er, und ich registrierte verwundert, wie glücklich mich das werden ließ. Beide holten wir so in nur vierzehn Tagen nach, was wir vierzig Jahre lang versäumt hatten. Wir redeten zum Beispiel miteinander. Als ich einmal nachts allein im Innenhof verblieb, kam er im Schlafanzug aus seinem Zimmer, um mir von einem losen Blatt Papier ein Gedicht vorzulesen. Es ging um die Flügel der Seele, mehr weiß ich heute nicht mehr.

»Von wem ist das, Papa?«

»Von mir!«

»Du schreibst Gedichte?«

»Das hättest du wohl nicht gedacht. Aber jetzt weißt du, von wem du das Dichten hast.«

Was hatte ich noch von ihm?

Um ein Haar hätte auch das Haus zu seinen Gaben gezählt. Er wollte es kaufen. Um es mir zu schenken. Aber der Besitzer spielte nicht mit. Niemals würde er das Haus hergeben, in dem er geboren wurde, sagte er, niemals. Zwei Jahre später hat er es an einen anderen Deutschen verkauft, für denselben Preis, den mein Vater ihm geboten hatte. 70 000 Mark, also 35 000 Euro. Heute würde es mindestens 300 000 Euro kosten. Egal, nicht alles kann klappen, aber auf die Geste kommt es an. Und auf den Sachverstand. Ich war überrascht, wie viel mein Vater von Häusern verstand. Ich wusste, dass er eins gebaut hatte, ich wusste aber nicht, dass er drei gebaut hatte, und ich wusste auch nicht, dass ich aus einer Häuserbauerfamilie stammte, bis er es mir in Marokko erzählte.

»Mein Großvater, also dein Urgroßvater, ist der größte Bauunternehmer in Bad Oeynhausen gewesen. Er hat sogar das Kurhaus und das Gerichtsgebäude gebaut.« Mein Vater gab gerne an, doch ganz gleich, ob das stimmte oder nicht, von Häusern verstand er was, und dieses hier, das sah er schnell, war der Prototyp des Perfekten. Der Patio als Wohnzimmer ohne Dach, die Bäume als Sonnenschirme und die Muster der Kacheln als Droge. Zweitausend Jahre Kiffen visualisieren sich in ihren Ornamenten; das ist ein Schritt weiter als die Homöopathie, man wird schon vom Draufsehen stoned und friedlich. Auch gefiel ihm, dass alle Elemente im Haus zugegen waren. Wasser im Brunnen, Erde bei den Bäumen, Feuer auf dem Dach.

Das Feuer war das Geilste. Und meine Erfindung. Omar sagte, niemand habe in Marrakesch vor mir jede Nacht ein Feuer auf dem Dach gemacht. Ein Lagerfeuer, in einem großen runden Eisenkessel, der auf vier Beinen stand. Traditionell gehört in Marokko das Dach den Frauen und der Wäsche, aber auf meinem Dach saßen wir Abend für Abend und Nacht für Nacht unter dem wüstennahen Sternenhimmel wie die Beduinen um ein Feuer und erzählten Geschichten. Oder schwiegen. Hier wurden die wichtigen Dinge besprochen. Hier wurden Freundschaften vertieft oder geschlossen. Hier wurde gesungen. Mein Vater und ich. Zum ersten Mal.

Natürlich kannte er nicht meine Lieder, und er kannte auch nicht die internationale Lagerfeuerhitparade von Cash bis Dylan. Blues- und Rockballaden waren nicht sein Ding. Country-Western schon eher, und Shantys ganz bestimmt, aber um ihn mit Leib und Seele aus voller Kehle zum Mitsingen zu bewegen, brauchte es die »Mundorgel«. Ich hatte irgendwo die Bibel des CVJM und der Wanderjugend aufgetrieben und mich für ein Lied entschieden, das Poesie und Marschmusik verband. Und es hatte nur drei Akkorde. G, D und C. Alles Dur, alles geschaffen für den aufrechten Bariton. Volltreffer. Er sang schon nach der ersten Zeile der ersten Strophe ergriffen mit.

»Wildgänse rauschen durch die Nacht

Mit schrillem Schrei nach Norden –

Unstete Fahrt! Habt acht, habt acht!

Die Welt ist voller Morden.

Unstete Fahrt! Habt acht, habt acht!

Die Welt ist voller Morden.«

Bei der Wiederholung der letzten Zeile sang er die zweite Stimme. Und zur zweiten Strophe stand er auf. Omar und ich blieben sitzen. Der Feuerschein flackerte an der Mauer des Nachbardachs, der Rauch ging mit dem Wind.

»Fahrt durch die nachtdurchwogte Welt,
Graureisige Geschwader!
Fahlhelle zuckt, und Schlachtruf gellt,
Weit wallt und wogt der Hader.
Fahlhelle zuckt, und Schlachtruf gellt,
Weit wallt und wogt der Hader.«

Niemand sonst war noch hier oben. Nur wir drei, das Feuer und ein Lied. Omar konnte es nur mitsummen. Aber er fühlte tief, worum es ging.

Vater und Sohn hatten sich gefunden.

»Rausch zu, fahr zu, du graues Heer!
Rauscht zu, fahrt zu nach Norden!
Fahrt ihr nach Süden übers Meer –
Was ist aus uns geworden!
Fahrt ihr nach Süden übers Meer –
Was ist aus uns geworden!«

Omar weinte, und das werde ich ihm nie vergessen. Ich werde nie vergessen, was er für mich getan hat. Und ich werde auch nie vergessen, was dieses Land für mich getan hat. Marokko hat mir einen bösen Liebeskummer genommen, einen guten Freund geschenkt und einen Vater zurückgegeben. Dass ich es auch in Marokko nicht schaffte, mein Drehbuch zu schreiben, ist doch völlig egal.

Was können Sterne?

Meinen letzten Monat in Marrakesch verbrachte ich mit einem Experiment. Ich suchte mir zwei Sterne aus und probierte, die Distanz zwischen ihnen nicht mit dem Verstand, sondern mit den Gefühlen zu begreifen. Wenn ich einen Raum betrete, der fünf Meter lang ist, brauche ich keine Zahlen, um die Entfernung bis zur Wand einzuordnen. Das macht mein Körper von allein. Er fühlt den Raum. Für ein Fußballfeld gilt dasselbe, und den Weg von Marokko nach Spanien übers Meer kann ich zur Not auch noch mit meinem Raumgefühl ermessen.

Aber mit dem Raum zwischen zwei Sternen ging das dann doch nicht so hoppla hopp, obwohl ich es Nacht für Nacht versuchte. Es überforderte mich total, und weil schon der Versuch, das Universum mit dem eigenen Raumkörper zu erfühlen, spirituell korrekt auf Blasphemie hinausläuft, wurde ich dafür mit ein bisschen Wahnsinn bestraft. Aber wirklich nur ein bisschen, es blieb bei einem Zwangsschnuppern im Grenzbereich. Seitdem weiß ich: Sterne können verrückt machen.

Sterne können auch den Weg weisen, wenn der Vorschuss wieder mal zu Ende geht. Außerdem gilt für ein Drehbuch dasselbe wie für die Reisereportage. Man schreibt die Geschichte nicht, solange man noch auf der Reise ist. Mit Abstand erzählt sie sich besser. Die Erinnerung kürzt den Strom der Erlebnisse schon mal auf das Wesentliche, und die Sehnsucht zieht den Glanz drüber. Ich hatte im real existierenden Märchen recherchiert und musste es nun verlassen, um einen Märchenfilm zu machen, ich brauchte einen Arbeitsplatz, der neutral und klausurfähig war, ich suchte einen Schreibtisch, einen Kühlschrank, ein Bett und ein Fenster mit Aussicht auf mehr oder weniger nichts. Und nach Hamburg zurück konnte ich noch nicht, denn ich hatte meine Wohnung untervermietet.

Ich stand auf dem Djemaa el Fna vor einer Akrobatentruppe, die an einer Menschenpyramide baute, und sah in den Abendhimmel. Ein Sternenbild, ich glaube, es war der Große Wagen, erschien mir wie ein Straßenschild. Es zeigte nach Westen. Nur wenig später drängte sich ein junger Marokkaner zwischen mich und die Artisten. Er trug eine Lederjacke. Auf ihr stand »Nevada«. Und wieder nur wenige Sekunden darauf spuckte mein Unterbewusstsein das Bild eines Motelzimmers heraus, in dem ich vor Jahren übernachtet hatte. Nur eine Nacht, aber es reichte aus, um damals ganz sicher gewesen zu sein: Hier kann man schreiben! Das ist der perfekte Ort. Ein nicht zu kleines Schlafzimmer, immer dunkel und kühl, plus eine Küche mit einem riesigen roten Kühlschrank, und der Schreibtisch stand vor einem Fenster, durch das ich auf einen abgewrackten Cadillac und die einzige Kreuzung des Kaffs sehen konnte. Das Etablissement hieß »Star Motel«, das Kaff hieß Star City, und die Region hieß Death Valley.

Die Informationen des Unterbewusstseins, der Lederjacke und der Sterne passten nahtlos zusammen und erschienen mir deshalb recht vertrauenswürdig zu sein, jedenfalls rechnete ich noch am Djemaa el Fna meine Chancen aus. Das Motel kostete zwanzig Dollar pro Nacht, und wenn ich es für eine längere Zeit mietete, bekäme ich sicher noch bessere Konditionen. USA-Flüge gab es billig, und billig waren auch die Supermärkte. Für die Reise, die Miete und, sagen wir, einen Monat Burger und Bier reichte der Rest meines Vorschusses gerade noch aus, und wenn ich vorher in Tanger die Geschichte machte, die mir »Tempo« gerade angeboten hatte, würden locker zwei Monate daraus. Das könnte klappen. Hunter S. Thompson hatte für sein bestes Buch in einem ähnlichen Motel nur zwei Wochen gebraucht.

»Ja, das stimmt«, sagte Pit, mit dem ich noch am selben Abend telefonierte. »Hunter hat es in zwei Wochen geschafft, aber nur, weil er durchgehend auf Speed und Amphetaminen war. Nachher brauchte er 'ne Blutwäsche. Dafür hast du nicht die Eier.«

Davon abgesehen, zeigte sich Pit begeistert von der Idee, das Drehbuch in Nevada zu schreiben, allerdings hatte er dafür andere Gründe als ich. Für ihn war die Nähe zu Hollywood ausschlaggebend. Auch die Nähe zu Las Vegas. Auf alle Fälle wollte er mitkommen. Zumindest für die Anfangsphase könne er nützlich sein, und er habe noch zehn Tage Urlaub offen in diesem Jahr. Wir verabredeten, dass er die Flüge checkte, weil in den Vor-Internetzeiten Flügechecken in einer Stadt wie Hamburg leichter als in Marrakesch war, und einen Tag später rief er wieder an.

»Wir fliegen mit United nach Phoenix, Arizona, von da nehmen wir einen Mietwagen nach Nevada. Und wir treffen uns in Amsterdam, alles klar?«

Klar war die Route, unklar war, wie ich meiner marokkanischen Großfamilie die Trennung vermitteln sollte. Auf die deutsche oder auf die marokkanische Art? Ich wählte die marokkanische. Ich sagte nicht, no money, no honey, no Cha-Cha-Cha, sondern spekulierte auf das marokkanische Mietrecht. Es beschert dem Mieter praktisch Unkündbarkeit, es sei denn, er verweigert jahrelang die Miete und fackelt gleichzeitig die Medina ab. Ich hatte als Kaution drei Monate im Voraus bezahlt, wenn ich jetzt mal drei Monate aussetzte, war ich immer noch schwer im grünen Bereich.

»Ich muss in die USA, Omar«, sagte ich deshalb. »So für vier bis sieben Wochen. Ihr bleibt hier im Haus und macht, was ihr wollt.« Omar roch den Braten trotzdem sofort, und als es so weit war und ich meine Türkeideko im Arbeitszimmer von den Wänden nahm, weinte er –

in meiner Gegenwart zum zweiten Mal. Auch der Harem weinte, und als ich für wahrscheinlich lange Zeit oder, noch wahrscheinlicher, für immer Abschied von meinem Zauberinnenhof nahm, hätte ich um ein Haar endlich auch zu weinen begonnen, stattdessen äußerte sich der emotionale Kontrollverlust in einem bösen Sturz vor der Haustür. Nicht böse genug für einen Bruch und damit für den Abbruch des Aufbruchs, aber die Botschaft war für meine marokkanischen Freundinnen und Freunde sonnenklar. Das war ein böses Vorzeichen. Ich dagegen interpretierte den Sturz als einen zwar deftigen, aber grundsätzlich gut gemeinten Gruß des Schicksals, das mir Hals- und Beinbruch wünschen wollte.

Und vor mir lag Tanger.

Ich nahm den Nachtzug. A) aus Kostengründen und b), weil ich in einem Zug nachhaltiger Abschied nehmen kann als in einem Flieger. Man lässt fließender los, flüssiger, mit jedem Kilometer Schienenstrang ein bisschen mehr, und als ich durch mein Fenster von Marrakesch nur noch eine ständig weiter ausglühende Lichterkuppel sah, geschah synchron dasselbe in mir. Der Trennungsschmerz war zur Trauer heruntergeglüht, die Trauer zu Traurigkeit und die, genossen mit einem Bier, zu einem romantischen Gefühl. Ein Gedicht von Hesse fiel mir ein. In Wahrheit nur ein paar Zeilen. Weder zusammenhängend noch in der richtigen Abfolge. Selbst für die Richtigkeit der Zitate will ich meine Hand nicht ins Feuer legen. Natürlich könnte ich hier und heute das Gedicht googeln und mit Originaltreue brillieren, aber mir geht's bei der Niederschrift meiner Erinnerungen eher um die Originaltreue zu mir und dem Moment. Deshalb sollte ich vielleicht besser sagen, dass mir Fetzen eines Gedichtes von Hesse in den Sinn kamen, als die Lichter von Marrakesch endgültig erloschen und in der Nacht nur noch die Sterne zu sehen waren. Es ging um Stufen.

»Stufe um Stufe vorwärtsschreiten.

Der Weltgeist will nicht engen,

sondern weiten.

Also, nimm Abschied, Herz,

Und gesunde.«

Und vor mir lag Tanger.

Sowie das blaue Meer, das »Hotel Sherazade« und ein bisschen Arbeit. Bei der Geschichte, die ich dort für »Tempo« machen wollte, ging es um eine britisch-marokkanische Hochzeit, auf der nicht das Brautpaar, sondern dessen Väter das Interessante waren. Der Vater des Bräutigams hieß Richard Harris, damals auch bekannt als »Der Mann, den sie Pferd nannten«. Heute kennt ihn das Weltpublikum eher als römischen Kaiser aus dem Film »Gladiator«, und die Queen wird ihn wahrscheinlich auch noch als Hamlet oder Ähnliches kennen, denn Richard Harris war nicht nur schon damals ein Hollywoodstar, sondern gehörte auch zu der alten Garde englischer Shakespearedarsteller, die mit einem Sir geadelt wurden. Der Vater der Braut ist viele Jahre Polizeichef von Tanger gewesen, bevor er sich zu einem radikalen Berufswechsel entschloss und Stepptänzer wurde. Das ist kein Scherz, das ist Marokko, man kannte ihn im ganzen Land, denn er steppte nicht nur in den Nachtclubs, sondern auch im Fernsehen.

Nicht weniger interessant als seine faszinierende Karriere erschien mir sein internationaler Freundeskreis. Als in den Sechzigern die Creme der Hippies und des Rock 'n' Roll Marokko entdeckte, war er ihr Gastgeber. In seinem Haus wohnten und feierten Cat Stevens, die Rolling Stones und Jimi Hendrix, auch die Freundschaft zu Sir Richard Harris begann in diesen Tagen, und offenbar hat sie nicht nur über all die Jahrzehnte gehalten, sondern wurde darüber hinaus nun durch eine Hochzeit in familiäre Verhältnisse transformiert. Wie immer gab es dabei auch ein paar Probleme. Die Braut war schön und clever, der Bräutigam war ein Idiot. Wie ist es für ein Genie, einen Deppen als Sohn zu haben, der sich zum Höhepunkt der Hochzeit durch den Festsaal tragen lässt und dabei dümmlich grinsend und affektiert aus der Sänfte winkt? Nicht nur Sir Richard Harris, sondern wirklich allen Gästen wurde spätestens jetzt offenbar, dass die Braut den Bräutigam nach allen Regeln der Kunst dominieren, verarschen und ausnehmen würde, zudem erkannte möglicherweise der große Schauspieler, dass er nicht nur die Hochzeit, sondern auch deren Folgen finanzieren müsste, sowie den Lebensstil der Brautfamilie, und als wäre all das noch nicht genug, erwies sich meine Anwesenheit als ein weiterer Grund für die kontinuierlich anwachsende schlechte Laune von Sir Richard Harris, denn ich kam nicht alleine. Eine in Tanger lebende russische Fotografin wollte für meine Geschichte die Fotos liefern, aber der Filmstar hatte bereits an ein US-Magazin die Rechte für die Berichterstattung verkauft und sah nun sein Honorar dafür den Bach heruntergehen.

Wäre es nach ihm gegangen, hätte man uns sofort rausgeworfen, aber in Marokko ist das verboten. In Marokko muss zu einer Hochzeit jeder Dahergelaufene als Gast akzeptiert und bewirtet werden. Für einen Hollywoodschauspieler muss es furchtbar sein, wenn Paparazzi nicht nur nicht vertrieben werden können, sondern noch dazu auf seine Kosten nach Herzenslust speisen, trinken und kiffen dürfen, und immer wenn mich die Party in seine Nähe spülte, schenkte er mir das Gift seiner genialen Blicke. Immerhin setzte Sir Richard Harris durch, dass meine Russin nicht fotografieren durfte. Einen Text ohne Fotos aber nennt man Bleiwüste, und niemand will darin verrecken. Ich korrigierte meine Nevadarechnung also wieder nach unten, trotzdem schien mir der Abend nicht verloren. Zu schön war die Aussicht. Der Stadtpalast des ehemaligen Polizeichefs von Tanger lag ganz oben im Adlernest der Medina. Durch seine Fenster konnte ich die Straße von Gibraltar sehen. Und darüber den Großen Wagen, der weiter stur nach Westen zeigte.

Der kleine Flughafen von Tanger hatte am nächsten Tag eine Überraschung für mich parat. Nach dem Einchecken und den Passformalitäten betrat ich sein Restaurant, und alle Tische waren bis auf einen besetzt, und der einzig freie stand direkt neben jenem, an dem mutterseelenallein die schönste Frau im Raum saß. Ich sah sie sofort und konnte meine Blicke nicht mehr von ihr nehmen. Frage: Warum fokussiert sich die Schönheit der Welt in den Augen eines Mannes immer nur auf die Schönheit der Frauen? Antwort: Weil es die einzige Schönheit ist, auf die er ganzheitlich anspricht. Einen Sonnenaufgang am Meer, eine Klaviersonate, ein Kinderlachen, ein Gedicht, einen schönen Gedanken oder das Morgenlicht auf einem Rollfeld kann er nur mit Geist und Seele genießen, der Frauen Schönheit dagegen sieht er mit Geist, Seele und Fortpflanzungstrieb. Das gibt der Wahrnehmung ein Stück mehr Vitalität.

Mit Fragen ist es wie mit Ratten und Rechnungen. Kaum hat man eine erledigt, kommt die nächste. Ist Schönheit relativ? Leider nein. Dafür wird sie von »der Sehnsucht des Lebens nach sich selbst« (Khalil Gibran) zu zweckorientiert eingesetzt. Schönes Haar ist schönes Vitamin D. Ein praller, nach Milch und Rosen duftender Busen erinnert alle, die keine Flaschenkinder waren, an die schönste Zeit ihres Lebens und vermittelt ihnen zudem die Gewissheit, dass die Zukunft ihrer Gene ebenfalls satt werden wird, auch Form und Größe der Hüften weisen auf Fortpflanzungsqualitäten, und lange gerade

Frauenbeine sind in Männeraugen schöner als kurze krumme, weil die potenzielle Nachkommenschaft mit langen Beinen schneller jagen und flüchten kann. Nichts an einer Frau ist schön ohne Grund, auch nicht die vollen, sinnlichen Lippen, denn sie sind die Saftbar der Östrogene.

Die Schönheit innerer Werte deutet ebenfalls auf gute Karten im Spiel des Lebens, und die finden sich in den Augen, und sind diese noch dazu mit einem hauchdünnen glänzenden Film überzogen, ist das eher ein Zeichen von genereller oder temporärer Fruchtbarkeit als von Traurigkeit. Schön ist geil, und geil ist schön. Und niemand muss sich zwingen hinzusehen. Das geht von selbst. Man betritt einen Raum, in dem, sagen wir, fünfzig Menschen sind, und der Autopilot übernimmt. Und noch etwas. Am Morgen kein Joint, und der Tag ist dein Freund. Wer Gegenteiliges behauptet, hat keine Ahnung. Kiffen macht paranoid. Und ein Aspekt des Paranoiden ist die Schüchternheit. Meine ist angeraucht. Nüchtern bin ich so schüchtern wie ein Pflasterstein.

Ich hatte nichts geraucht an diesem Morgen und ging deshalb, ohne zu zögern, zu dem Tisch, an dem die objektiv schönste Frau im Restaurant des Flughafens von Tanger saß, und fragte die etwa 25-jährige Marokkanerin, ob ich mich zu ihr gesellen dürfe. Sie schickte erst einen fragenden Blick zu dem gänzlich unbesetzten Nachbartisch, aber akzeptierte, als ich das ignorierte, meine Bitte mit einer einladenden Bewegung ihrer schönen Hände. Einmal auf den Zug der marokkanischen Gastfreundschaft aufgesprungen, bot sie mir auch sogleich ihr Sandwich an. Ich lehnte dankend ab und begann die Flughafenkonversation. Woher kommst du? Wohin gehst du? Wie viel Zeit bleibt uns? In fünfzig Minuten ging ihr Flug nach London. Meiner zehn Minuten später nach Amsterdam. Aus der Nähe sahen ihre Lippen wie rote Sofas aus. Die obere schlug sogar noch einen kleinen Bogen, um der ihr innewohnenden Sinnlichkeit mehr Platz zu bieten. Ein Kanapee zum Küssen.

Aber so weit waren wir noch nicht, und, ich sag es gleich, kamen wir auch nicht, obwohl wir uns rasend schnell kennenlernten. Sie lebte in London und liebte Marokko. Und ich liebte Marokko ebenso inniglich. Sie kam aus Meknès, ich aus Marrakesch, das war wieder etwas Verbindendes. Beide Städte beginnen mit einem M. Sie kannte Marrakesch nicht und bat mich, ihr davon zu erzählen. Ich erzählte ihr alles, und was ich vergaß, wusste sie ohnehin. Zum Beispiel, dass ich ein Kiffer bin. Sie könne es riechen, sagte sie, und die Art, wie sie das sagte, wies darauf hin, dass sie 1. keine Körpergerüche meinte, sondern ein Duftnote der Aura, und 2. diesen Duft mochte. Sie wedelte leicht mit den Händen vor ihrer Nase, aber sie wedelte den Duft nicht weg, sondern zu sich hin. Dass ich ein Drehbuchautor und Reisejournalist war, hatte sie ebenfalls erschnuppert, bevor ich davon sprach.

Und was machte sie? Ihre Eltern hatten in London ein marokkanisches Restaurant, dort kellnerte sie, aber ernsthaft studierte sie Fotografie. Sie wollte Fotojournalistin werden. »Das wäre perfekt«, sagte ich, ohne nachzudenken, und sie antwortete, ohne nachzudenken: »Ja.« Und eigentlich war jetzt alles klar. Sie gehörte mir, und ich gehörte ihr, bis der Aufruf für den Londonflug kam. Ich sah sie über das Rollfeld gehen, die Gangway erklimmen und im Flugzeug verschwinden. Ich sah die Propeller anspringen und die Räder zu rollen beginnen, ich sah die Maschine auf die Startbahn einbiegen, Geschwindigkeit aufnehmen und abheben, ich sah sie aufsteigen und über dem Meer eine Kurve ziehen, und erst als ich nichts mehr von ihr sah außer einem kleinen silbernen Pfeil am Himmel, öffneten sich meine Augen für die Wahrheit.

Und wahr ist: Sie war die fleischgewordene zweite Frau von links auf meinem Traumbalkon. Unwahr ist: dass ich spinne. Sie war die Frau, deren Gesicht zum Küssen nahe herangezoomt war, während ich in Marrakesch geschlafen hatte. Das Gesicht, in das ich gerade aus derselben Distanz fünfzig Minuten lang schauen durfte, war hundertprozentig dasselbe. Die Augen, die Haare, die Stirn, die Nase und vor allem der Mund mit dieser Kanapee-Oberlippe. Wahr ist: Die Nummer eins aus dem Traum, den mir Chekaui verkauft oder geschenkt hatte, war real. Unwahr ist: dass mir das was nützte. Sie hatte mir zwar ihre Telefonnummer gegeben, aber leider verbummelte ich sie.

Und leider versagte ich auch total, als ich sie zehn Jahre später zufällig wiedersah. Wieder in einem Flughafen. Aber dieses Mal in Wien. Ich wollte weiter nach Rio, und wo sie hinwollte, weiß ich nicht. Ich kaufte Schokolade in einem Delikatessengeschäft im Transitbereich, denn dieses Mal hatte ich vor dem Flughafen einen fetten Joint geraucht, und das tat dem Zuckerspiegel in meinem Blut überhaupt nicht gut. Ich sah sie, und sie sah mich, aber die angerauchte Schüchternheit in Kombination mit dem Schock, sie wiederzusehen, lähmte mich. Dafür ging sie auf mich zu. Und was machte ich? Ein Schnürband meines rechten Schuhs hatte sich geöffnet. Ich bückte mich, um das Problem zu beheben, und als ich wieder aufsah, war sie weg. Ich weiß nicht, wie es mit ihr und mir weitergehen wird, vielleicht treffen wir uns ein drittes Mal in irgendeinem Flughafen, vielleicht auch nicht, und vielleicht war es auch die Weisheit des Intuitiven, die mich im Flughafen von Tanger ahnen ließ, was mit einem Traum geschieht, der in Erfüllung geht.

Aber nun Amsterdam.

Pit war schon da. Und sehr zufrieden. Er habe schon Sorge gehabt, ich würde in Marrakesch zur Topfpflanze degenerieren.

»Dafür habe ich dich nicht nach Marokko gebracht, Alter. Dafür nicht. Und in Hollywood warten sie auf Leute wie dich. Denen gehen die Stoffe aus. Die haben einfach schon alles durch und außer Remakes nichts mehr drauf. Die rollen dir den roten Teppich aus.«

United Airlines schien das anders zu sehen. Sie hatten am Gate neben ihrem Schalter ein Pult aufgebaut. Dahinter stand ein dummer Amerikaner. Ob es ein Security-Mann der Airline war oder die Vorhut der US-Immigrations-Behörde, war nicht sofort auszumachen. Er checkte die Reisedokumente der Passagiere, bevor sie ihre Boardingkarten bekamen, und wollte von mir wissen, warum so viele marokkanische Stempel in meinem Pass waren. Ich erklärte es ihm. Ich habe ein Haus in Marrakesch, war aber nur mit einem Touristenvisum im Land und muss deshalb alle drei Monate mal kurz raus und wieder rein. Warum ich ein Haus in Marokko habe? Ich erklärte es ihm. Ich liebe Marokko. Warum ich Marokko liebe? Gegenfrage. Warum nicht? Und was wollte ich vorher in Ägypten und Israel? Und davor im Libanon, in Syrien und im Iran? Ich erklärte es ihm. Ich bin Journalist. Es verlangte ihn, meinen Presseausweis sehen? Ging leider nicht. Ich hatte keinen. Ich hatte nie einen. Ich habe nie einen gebraucht.

Der Mann gab auf und holte seinen direkten Vorgesetzten. Was ich in Marokko wollte? Ich erklärte es ihm. Und warum Ägypten? Ich erklärte es ihm. Beirut, Damaskus, Teheran? Ich erklärte es ihm. Presseausweis? Ich erklärte es ihm. Der dritte Mann trat an. Dieselben Fragen von Marokko bis zum Iran, plus dieselben Antworten hintendran, und manchmal wünscht man sich, mit einem Papagei zu reisen, einem bunten, sprechenden Vogel, der die Konversation übernimmt. Außerdem geschah all das acht Jahre vor al-Qaida und dem 11. September. Noch gab es keinen Grund für die Seligsprechung der Paranoia. Heute würde mich United Airlines mit diesen Stempeln im Pass direkt nach Guantanamo fliegen. Mensch, hatte ich ein Glück damals. Sie fragten mir ein Loch in den Bauch, statt mich zu waterboarden, und weil kein vierter Airline-Security-Mann in der Nähe war, ließen sie mich nach dem dritten rein, und wir flogen nonstop nach Phoenix, Arizona.

Dort kümmerten sich drei Immigrations-Offiziere um uns. Sie führten Pit und mich in einen Verhörraum, und der Scheiß ging von vorne los. Aber sie waren nett. Sie hatten so ne Cowboyart, einer der Sheriffs legte seine Füße auf den Tisch und lachte, als er hörte, was ich in Amerika zu tun gedachte. Im Death Valley ein Drehbuch über türkische Märchenerzähler schreiben, haha, alles klar, ihr dürft rein. Nee, ohne Scheiß, sie wünschten uns auch viel Glück dabei. Das waren gute Leute. Das waren die Amerikaner, die ich aus »Bonanza« kannte. Don't mess with the Deputy, aber wenn Wyatt Earp euch in sein Herz geschlossen hat, könnt ihr weiterziehen. Der Mietwagen war rot, schnell und aggressiv. Gute Boxen, gute Musik. Ted Nugent zum Wachbleiben, J. J. Cale zum Surfen, nur Haschisch fehlte.

Pits Nase wie ein Navigationsgerät nutzend, steuerte ich den Roten zu einem der Straßenstriche von Phoenix.

Ein Außenbezirk, wenig los, kaum Licht. Die Mulattin hieß Gina. Hotpants, aggressives Dekolleté. Mich nannte sie Tiger. Wir formulierten unser Begehr, sie sagte: »Wait«, und verschwand, statt ihrer kam nach fünf Minuten ein Schwarzer, der seinen Kopf ein bisschen schief und dabei seine rechte Hand am Hals hielt. Diese Haltung behielt er auch, als er mit uns im Wagen saß und mir den Weg zu einem Dealer wies. Nur einmal nahm er die Hand vom Hals, und was wir sahen, war eine frische Schusswunde. Die Kugel war noch drin. Musik: J. J. Cale, »Danger«, also alles halb so schlimm. Wir tankten voll und rollten aus der Stadt auf den Highway hinaus.

Neonröhren beleuchteten einen Trucker-Tabledance-Stop, kaum dass wir aus Phoenix raus waren. »Alaska-Bush-Company«. Freies Amerika, Wild Wild West. Frauen wie Schlangen an Stangen, Bier floss durch Vollbärte, solider Rock 'n' Roll. Eine Blondine erzählte, sie sei die Enkelin von Fred Astaire, und ob sie mir das Talent ihrer Gene mal zeigen dürfe. Sie tanzte mit ihrem Po auf meinem Schoß, und es hätte bestimmt ne kleine Sauerei in meiner Jeans gegeben, wenn nicht plötzlich alle Vollbärtigen zur Garderobe geeilt wären, um sich ihre Baseballschläger aushändigen zu lassen. Eine schlecht beleumundete Motorradgang war vorgefahren, und die nächste halbe Stunde war draußen Krieg.

Und weiter ging's. Der Große Wagen zeigte noch immer nach Westen. Mit Bleifuß und Hardrock nach Nevada, wo mein Schreibtisch stand. Viel Zeit blieb mir nicht, die Mittel wurden knapper, darum fuhr ich durch, aber ich fuhr auch durch, weil durchfahren irgendwann zwingend wird. Man will nicht mehr anhalten, man kann es nicht mehr. Motor und Mensch sind zu einem Organismus geworden, gemeinsam fressen wir Asphalt, der Fuß wird zu Blei. Hin und wieder tanken wir Kaffee und Benzin, aber die Straße ist ein Luder, das immer will und immer ruft und uns keine Pausen gönnt, die länger als eine Viertelstunde sind. Der Himmel verfärbt sich, die Sonne kommt. Frühstück in einer Westernstadt auf der Route 66. Indianerland im Morgenlicht. Inzwischen durch den Schlafentzug, das Haschisch und die Geschwindigkeit psychedelisch eingestimmt, sah ich die Planwagenkarawanen durch die Canyons ziehen, stur go West. Apachen lauern, Pfeile fliegen, Geier kreisen über ihnen. Nevada!

Gegen Mittag ließen wir Las Vegas links liegen und hielten auf Kalifornien zu. Etwa in der Mitte zwischen Bakersfield und dem Spielerparadies lag unser Ziel. Das »Star Motel« im Death Valley, mit dem großen Kühlschrank und dem Fensterblick auf einen abgewrackten Cadillac, und je näher wir dem Schreibtisch meiner Träume kamen, desto mehr verflüchtigten sich diese Träume, oder besser, ihre Attraktion auf mich verflüchtigte sich, ich verstand nicht mehr, wie ich hatte vergessen können, was das eigentlich Tolle an dem Motel gewesen war, als ich vor Jahren eine Nacht in ihm verbracht hatte. Ich hatte es mit einer jungen Inderin geteilt, jetzt musste ich es mit Pit teilen. Das war nicht dasselbe, das ergab keinen Sinn, zudem waren mein Fuß und das Gaspedal eh nicht mehr auseinanderzukriegen, und auch die Sterne wiesen weiter stur nach Westen, und als das Schild am Highway auftauchte, auf dem »Star City 2 Miles« zu lesen stand, fragte ich Pit, was er davon halten würde, wenn wir bis Mexiko durchführen.

Das verbesserte seine Laune, das riss ihn aus seiner Starre, das gab ihm neuen Lebensmut, also weiter geradeaus bis zum Pazifik und kurz vorher links ab Richtung San Diego, und pünktlich zum Einbruch der Dunkelheit erreichten wir das erste mexikanische Höllenkaff hinter der Grenze, und ich stellte endlich den Motor ab. Wir stiegen aus. Wir hatten Durst. Das Kaff hieß Tijuana, und es gab dort wahrlich genügend Etablissements, in denen man seinen Durst stillen konnte. Das erste war mit spärlich bekleideten alten Frauen bevölkert, die aufdringlich wie Hexen waren, im zweiten Lokal herrschte Transvestitenalarm, und die dritte Bar erfüllte ein beißender Geruch, der uns glauben ließ, man hätte den Boden und die Theke mit Toilettensteinen geputzt. Und als dann noch ein Leprakranker seinen Armstumpf auf meine Schulter legte, um ein Bier zu erbetteln, wurde mir langsam klar, dass ich wieder mal im falschen Film unterwegs war.

*Zwischen dem, was richtig, und dem,
was falsch ist, liegt ein weites Feld.
Treffen wir uns da?*

Rumi

Champagner für alle

Zehn Jahre später.

Die Jagd nach Glück, die Flucht vor Leid, der Wunsch, unlösbare Probleme zu lösen, hatten mich in der Zwischenzeit als Journalisten ganz nach oben und wieder ganz nach unten gespült. Ganz unten war auch nicht schlecht, denn ich verbrachte die Pennerphase meines Lebens im »Borchardt«. Seitdem ich über das beste Restaurant Berlins im »SZ-Magazin« eine jubelnde Geschichte geschrieben hatte, verweigerte man mir dort die Rechnung. Das war keine Bestechung, sondern Freundschaft. Sie mochten meine Texte und ich ihren Laden. Wenn in einem Lokal alles stimmt, die Küche, die Bar, die Bühne, die Show, dann stimmen auch die Gäste. So wurde das »Borchardt« zur Kantine der Stars und zum Wohnzimmer der Macht und natürlich zur Backstage der Berlinale.

Die Filmfestspiele hatten begonnen, alle waren da, und ich war noch nicht wieder weg. Ich saß aus Gewohnheitsrecht zwischen schönem Geld und schönen Frauen und trank Champagner, entweder aufs Haus oder auf die Rechnung von neuen Freunden, egal, wer das war. Zu Champagner lasse ich mich von jedem einladen. In Kombination mit leichtem Marihuana gibt er das Rüstzeug für den Small Talk im Olymp, denn man kommuniziert damit in etwa so schnell wie mit Kokain, aber verliert dabei nicht den Atem. Götter, Halbgötter und Produzenten, aber auch Diven, Damen und Granaten wissen es zu schätzen, wenn man ihnen nicht mit Gier, sondern mit einer Geschichte begegnet. Ehrlich, es war nicht geplant. Ich hatte mich nicht monatelang im »Borchardt« durchgefuttert, um dann bei der Berlinale zuzuschlagen. Dafür hatte ich zu sehr verinnerlicht, dass man es nicht planen kann. Nach meiner nun schon zwanzig Jahre währenden Beziehung mit der Märchentante und der »Perlenkarawane« war es für mich einfach ein Naturgesetz. Die Geschichte hüpfte aus mir raus oder nicht.

Die Kamphoevener hatte über das Phänomen auch irgendwo berichtet. Irgendwo in den 25 Kilo Akten, die ich noch immer von Wohnort zu Wohnort mit mir schleppte, hatte ich es gelesen. Aber ich erinnere mich nicht mehr, in welcher Akte. Darum habe ich auch den Namen des durchsichtigen grünen Zwergs vergessen, von dem sie schrieb. Nur die Märchenerzähler konnten ihn sehen, und nur wenn der grüne Zwerg an den Feuern der Karawanserei zugegen war, gelang die Geschichte. Wenn nicht, wurde es harte Arbeit für die Märchenerzähler. Sie waren Profis, sie zogen die Geschichte auch ohne den Zwerg durch, aber niemandem stellten sich dann die Härchen auf. Ich hätte die Kamphoevener gern gefragt, ob sie oder ihre Kollegen Tricks hatten, Riten oder spezielle Gebete, um den grünen Zwerg an ihre Feuer zu locken. Blumen, Früchte, Kerzen, Düfte, Jungfrauen? Was brauchte er, was liebte er, womit konnte man den Zwerg zwingen? Mit dem Ring? War es der Ring der alttürkischen Geschichtenerzähler, der auf unsichtbare grüne Zwerge anziehend wirkte?

Wenn ja, hatte ich keine Chance. Ohne den Ring beherrscht nicht der Erzähler die Geschichte, sondern sie beherrscht ihn und kommt und geht, wann sie will. Ich habe es bisher raushüpfen genannt. Fast zehn Jahre war das nicht mehr passiert, aber im »Borchardt« hüpfte während der Berlinale das Märchen gleich vier Mal aus mir raus. Das konnte Zufall sein oder auch nicht. Vielleicht hatte es auf den richtigen Ort und die richtige Zeit geduldig gewartet und ist dann an vier verschiedenen Tischen und vier verschiedenen Abenden förmlich explodiert. Und an allen vier Tischen hockte der unsichtbare grüne Zwerg, und das ist durchaus was anderes als weiße Mäuse.

Das erste Opfer war ein wohlbeleibter Filmfinanzier. Wie alle Dicken, deren Fettleibigkeit nicht auf Frustration, sondern Genusssucht zurückzuführen ist, war er jovial, menschenfreundlich und nicht geizig. Eine Agentin und ein Schauspieler saßen bei ihm. Der Schauspieler war ein Freund von mir, und so kam ich an den Champagner.

»Oh«, sagte der Dicke, »Ihr Freund hat uns erzählt, dass Sie in Marrakesch ein Haus hatten.«

»Das ist korrekt.«

»Eine phantastische Stadt. Wie lange waren Sie da?«

»Alles in allem eineinhalb Jahre.«

»Beneidenswert, wirklich beneidenswert. Sie leben unsere Träume. Was haben Sie denn da gemacht?«

»Kein Drehbuch geschrieben.«

Der Filmfinanzier schüttete lachend Fürst Metternich nach. Weil ich noch genügend THC im Blut hatte, griff die zuvor verherrlichte Drogenkombination sofort. Ich war Fauläppelchen obenauf. Noch dazu lieferte er mir eine Steilvorlage. Er fragte nicht, warum ich in Marokko kein Drehbuch geschrieben hatte, das konnte sich ein Mann wie er schon denken, das hörte er vielleicht auch nicht zum ersten Mal, nein, der joviale Herrscher über einen der potentesten Filmfonds Deutschlands sagte: »Darf ich fragen, um was für einen Stoff es sich handelte?«

Alles Weitere lief wie ein Schweizer Uhrwerk ab.

»Es geht um den Stoff, aus dem die Träume sind. Es geht um die Mutter der Medien. Es geht um die Frage, ob das Leben ein Märchen oder ein verficktes Jammertal ist. Aber vor allem geht es darum, ›Lawrence von Arabien‹ davon zu erlösen, auf ewig der beste Film aller Zeiten zu sein.« Der Fondsdirektor lobte meinen Filmgeschmack und füllte mein Glas nach.

»Es geht um den Untergang des Orients und seine Auferstehung. Es geht um die Anfänge der deutsch-türkischen Freundschaft. Es geht um Krieg und Frieden und um eine Deutsche, die als Mann verkleidet mit den Nomaden reist. Es geht um eine starke Frauenrolle, um Karawanen und um Sultanspaläste. Wussten Sie, wie der letzte Sultan des Osmanischen Reiches seine Palastgärten zu beleuchten pflegte, wenn er Feste gab? Er ließ auf den Panzern von zweitausend Riesenschildkröten Öllämpchen anbringen, und wenn Sie mir jetzt, sagen wir, zwei Stunden Ihre Aufmerksamkeit schenken, erzähle ich Ihnen auch den Rest.«

Er gab sie mir. Und als ich fertig war, erhob er sich und hielt mir über den Tisch sein Glas entgegen.

»Das ist ein historischer Moment«, sagte der Filmfinanzier.

Seitdem habe ich nichts mehr von ihm gehört.

Der zweite Filmschaffende, der mit mir und dem grünen Zwerg im »Borchardt« während der Berlinale zu Tisch saß, war ein schlanker Zweimetermann, der die besten und aufwendigsten deutschen Fernsehfilme produzierte. Er hatte Reisereportagen von mir gelesen und fragte sich, ob etwas für ihn dabei sei.

»Sicherlich, aber merkwürdig wäre es schon, wenn Sie diese Geschichten verfilmen. Denn eigentlich war ich sauer auf mich, als ich sie schrieb, eigentlich wollte ich was ganz anderes machen.«

»Einen Film.«

»Ja, alle Journalisten wollen Filme machen, und alle Filmemacher wollen Rock-'n'-Roll-Stars sein. Bei der

Gelegenheit frage ich mich, wovon Rock-'n'-Roll-Stars träumen. Wären sie lieber Propheten? Ein guter Träumer kennt seine Grenzen, darum träumte ich nur von einem Film.«

Ich brauchte bei ihm nur eine halbe Stunde, weil er ein so verdammt schneller Zuhörer war, er hörte schneller, als ich erzählte, und als ich in die Zielgerade einbog, war er schon da.

»Das geht nicht unter zwanzig Millionen«, sagte der Produzent. Ich dachte an den Zweiten Weltkrieg, an die Schützengräben, Frontlazarette und Truppentransporte, ich dachte an die 2000 Schildkröten in den Gärten des Sultans, ich dachte an den Harem und an die Basare, und natürlich dachte ich an die Karawanen.

»Ich fürchte, das kostet mehr.«

Der dritte Mann, mit dem ich im »Borchardt« Märchen gegen Champagner tauschte, war ein deutscher Regisseur, der gerade einen Hollywoodfilm abgedreht hatte. Wäre die Welt ein Ponyhof, hätte ich jetzt »Besser geht's nicht« gesagt. Er machte die Regie, der Lange produzierte, und der Dicke finanzierte, aber leider meldete sich, wie schon berichtet, der Direktor eines der größten deutschen Filmfonds nicht mehr bei mir, und weil der Regisseur nur mit einsteigen wollte, wenn er selbst produzierte, hatte ich nun zwei konkurrierende Freunde und Brüder an meiner Seite, was meinen Preis ein bisschen in die Höhe trieb. Ohne mein Zutun, denn das Geld interessierte mich weniger als die Tatsache, dass die Karawane tatsächlich wieder on the road zu sein schien. Nach zehn Jahren Abwesenheit marschierte sie mitten durchs Lokal.

Und hielt als Nächstes an einem Tisch an, an dem zwar kein Filmschaffender saß, sondern ein türkischer Unternehmer, der alsbald gestand, dass die Beschäftigung mit dem Osmanischen Reich sein Lieblingshobby war. Gern, nein, sehr gerne würde er uns deshalb mit seinen Verbindungen helfen. Er kenne alle Spitzen der türkischen Regierung und des Militärs. Wenn es um Drehgenehmigungen, ein Heer von Statisten und Transportmöglichkeiten gehe, sei er unser Mann. Und als ich sagte, dass ich dieses Mal (nein, »dieses Mal« sagte ich nicht, ich dachte es nur), als ich ihm also sagte, dass ich das Drehbuch in Istanbul schreiben wollte, bot er mir aus dem Stand ein Gratisticket an sowie Gratisnächte in den türkischen Hotels, mit denen er Geschäfte machte, und als er es recht bedachte, gefiel ihm auch der Gedanke, mir seine riesige Villa auf einer der vor Istanbul liegenden Prinzeninseln anzubieten, aber das Letztere war noch nicht entschieden, da habe seine Familie noch ein Wort mitzureden. Und ich hatte mich noch nicht zwischen dem Produzenten und dem Regisseur entschieden. Ich sage es noch einmal: Ich wollte nicht pokern. Ich kann nicht pokern. Aber ich kann mich auch nicht entscheiden. Das hatte mit den beiden wenig zu tun. Ich leide ganz allgemein unter einer Entscheidungsfehlfunktion.

Der türkische Unternehmer lud mich derweil zu einer Geburtstagsparty ein. Damit hatte ich die Villa auf den Prinzeninseln eigentlich schon im Sack, aber dann tanzte ich mit der schärfsten Türkin der Nacht, und es stellte sich zu spät heraus, dass sie seine Geliebte war. Seitdem hörte ich auch von ihm nichts mehr.

Michael und der Regisseur aber blieben am Ball. Ihre ersten Angebote für das Grundhonorar waren fast identisch. Eine Abfolge von Vorschüssen, die synchron mit den Fortschritten am Drehbuch ausgezahlt werden und sich am Ende auf 100 000 Euro belaufen sollten. Nicht identisch dagegen waren ihre Vorstellungen von den an mich auszuzahlenden Prozenten an den Produktionskosten des Films. Das ist ein sehr interessanter Punkt in der Rechnung eines jeden Drehbuchautors. Der Regisseur bot mir ein halbes und Michael ein ganzes Prozent an. Kostete der Film zwanzig Millionen, wie Michael anfangs sagte, wären das für mich noch mal 200 000 obendrauf. Würde er aber hundert Millionen verschlingen, was ich favorisierte, hätte ich mit einem Prozent meine Schäfchen im Trockenen und mit zwei Prozent im sehr Trockenen. Mehr als eineinhalb Prozent aber sind selten drin. Nach meiner Ankunft in der Türkei sah ich mir deshalb die Erinnerungen an das Osmanische Reich auch unter dem Aspekt an, ob man in ihnen Drehgenehmigungen bekommen würde oder sie nachbauen müsste.

Die Überlappung der Seelen

Sultan Süleyman der Prächtige wollte eine Moschee, die prachtvoller und vollkommener war als alle anderen zuvor gebauten, aber vor allem prachtvoller und vollkommener als die Blaue Moschee und die Hagia Sophia zusammen. Es ist nicht verbrieft, dass dieses Wollen der unfromme Ehrgeiz eines Sultans war, der es seinen Vorgängern zeigen wollte. Süleyman herrschte im 16., also dem goldenen Jahrhundert der Türken. Als er die absolute Macht übernahm, gab es auf unserem Planeten kein größeres, mächtigeres und reicheres Imperium als das der Ottomanen. Und jeder baut Moscheen auf seinem Niveau, das ist normal, das muss nicht zwingend mit einem großspurigen Charakter zu tun haben.

Süleyman der Prächtige hatte zudem das Glück, dass er ein Zeitgenosse des besten Architekten der Welt war. Nicht nur der Welt bis dato, sondern auch aller Welten, die danach kamen, also praktisch ein Zeitgenosse des weltbesten Architekten von der Steinzeit bis heute. Sein Name war Sinan, und der wiederum wollte mit dieser Moschee das Paradies nachbauen. Alle Leute vom Fach sagen, es sei ihm gelungen, aber er selbst ordnete sein Werk als Gesellenstück ein. Sein Meisterwerk lieferte er erst mit der nächsten Moschee in Jerusalem ab. In Istanbul aber ist die Süleyman-Moschee die Nummer eins aller von Menschen gebauten Paradiese.

Wie beschreibt man das? Ich weiß es nicht. Ich kann nur sagen, dass ich den Raum wie die Zeit wahrnahm und die Zeit wie einen Raum, als ich in der Moschee auf einem roten Teppich saß, der unendlich wirkte, obwohl er nicht unendlich war. Dimensionen entstehen durch Proportionen, Friede durch Formen. Ein Kreis wirkt anders als ein Halbkreis, in der Kuppel schwebt das Weltall, und 2000 Öllämpchen sind die Sterne. Zu Sinans Zeiten und auch noch ein bisschen danach wurde ein Teil der Lämpchen durch halbierte Straußeneier ersetzt. Unterm Strich kommt ein Raumgefühl fürs Paradies dabei raus.

Selbst der Schah von Persien, der ein erklärter Feind von Süleyman dem Prächtigen war, sagte, die Moschee sei ein Heiligtum, und verglich sie mit der Kaaba von Mekka. Heiliger geht es nicht mehr im Islam, und natürlich kriegten wir hier keine Drehgenehmigung, dafür brauchten wir nicht einmal anzufragen, und die Süleyman-Moschee nachzubauen konnten wir auch vergessen, obwohl der Gedanke reizvoll war. Ein Prozent des Nachbaus hätten mich zu Helge dem Prächtigen und eineinhalb Prozent zu Helge dem Superprächtigen gemacht. Die Animation würde es richten. Musste es richten. Denn ich brauchte die Märchenerzählerin in der Süleyman-Moschee. Sie war oft darin und auch oft in den anderen großen Moscheen der Stadt sowie in den Kirchen und Kathedralen der orthodoxen Christen, deren Rom Istanbul ist. Aber es ging der jungen Baroness wie mir und dem Schah von Persien. Die Süleyman-Moschee ist das High End für Paradiestouristen.

Was ist Beten? Wie geht Beten? Wohin führt es? Ist Beten Meditation? Dann bete ich gerade. Ich sitze mit gestrecktem Rücken und erhobenem Kopf in der Süleyman-Moschee, weil ich die Kraft spüre, die in ihr ist, und mehr davon will, und dafür muss ich mich öffnen. Ich öffne mich am besten, wenn alles gerade ist und der Atem fließen kann. Das öffnet mich ganzheitlich. Den Bauch für das Raumgefühl im Paradies, das Herz für die Liebe, die darin ist, und den Kopf für die Offenbarung. So bete ich. So habe ich es im Himalaja gelernt. So saß ich bis jetzt in jedem Gotteshaus.

Aber ist das nicht ein bisschen zu stolz? So Aug in Aug mit Gott? So auf Du und Du mit einer Kraft, die nicht nur ungleich kräftiger ist als ich, sondern mich darüber hinaus auch noch geschaffen hat und mich erhält und wieder zerstören wird. Oder umformen, wenn man so will, weil sie mich an die Würmer und damit an die Nahrungskette weitergibt. Selbst Süleyman der Prächtige, Herrscher über 37 Völker auf drei Kontinenten, sah sich nicht auf Augenhöhe mit der absoluten Macht und betete mit seiner Stirn am Boden. Das war wahrscheinlich die richtige Einschätzung der Lage, denn als Gott mal bei Gelegenheit mit der Pest um die Ecke kam, hatte auch der mächtigste Sultan aller Zeiten keine Chance. Und wer bin ich? Werde ich nicht sterben? Warum kriege ich meinen Kopf nicht runter?

Es regnete, als ich die Moschee verließ, und ich dachte positiv. Geh in den Großen Basar. Der ist bei Regen ideal. Und er wäre auch ideal bei einem Orkan, oder wenn es Meteoriten hagelt. Die Gewölbewelten mit ihren Haupt- und Nebengassen, großen Hallen, kleinen Plätzen, versteckten Nischen und Kaffeehäusern sind Tausenundeine Nacht ohne Wind und Wetter, und niemals wischt das Grau eines Regentages die Farben aus dem Spaß heraus. Auf jedem Gewürz blinkt ein Lämpchen, auf jeden Teppich strahlt ein Flutlicht, jeder Shop, jede Tür, jedes Fenster ist illuminiert. Und wieder sehe ich den Unterschied. Der Große Basar von Istanbul ist nicht so malerisch wie der Basar von Kairo oder Marrakesch, aber er ist imperial. Er ist die Metropole aller orientalischen Basare, weil Istanbul die Hauptstadt des Orients gewesen ist, nicht Bagdad, Damaskus oder Samarkand. In diesem Basar endeten alle Karawanenwege, Seidenstraßen und Schifffahrtsrouten. Eine Stadt, die an zwei Meeren liegt, ist gesegnet. Über das Marmarameer kommt die mediterrane Warenwelt daher, über den Bosporus die des Schwarzen Meers, und inzwischen kommt ja auch ne Menge von oben quasi von überall her.

Ich kaufe eigentlich nie etwas in Basaren. Das Überangebot schlägt meinen Wunsch danach tot. Außerdem kann ich nicht handeln. Ich kann es einfach nicht, und da ticke ich japanisch. Ich akzeptiere jeden Preis, und weil ich das weiß, fange ich gar nicht erst damit an. Was nicht da ist, kannst du nicht finden, was da ist, brauchst du nicht zu suchen. Ich suchte Geschichten. Und hatte sie längst gefunden. Ein vierjähriges Mädchen aus Hameln in Westfalen zieht 1882 mit seinem Vater nach Istanbul, und spätestens mit neun Jahren läuft es allein durch den Basar und interessiert sich nur für seine Geschichten. Sie ist hochbegabt und spricht inzwischen fließend Türkisch, aber auch Griechisch, Armenisch, Arabisch und ein bisschen Persisch.

Die Händler erzählten Geschichten, die Waren erzählten Geschichten, die Geschichtenerzähler erzählten Geschichten. Jeder dockt im Orient an was anderes an, hatte Endi Effendi mal gesagt. Unser Mädchen verfiel den Märchen.

Märchen lieben das Feuer. Wenn keines in der Nähe ist, lieben sie auch das Wasser. Die Märchenerzähler saßen deshalb an den Brunnen des Basars, und ich wandelte hier und wandelte da, bis ich wandelnd ein Tor zu einem versteckten, nicht überdachten Innenhof passierte, hinter dem ein Brunnen war. Und ein Baum. Und ein winziges Teehaus mit drei Hockerchen davor. Der

Tee war heiß und süß und wurde in taillierten Teegläschen serviert. Ich hatte meinen Platz gefunden. Es wird auch ihrer gewesen sein. Hier oder an einem Platz wie diesem hat Elsa Sophia zum ersten Mal die »Perlenkarawane« vorüberziehen sehen oder den flüsternden Teegläsern zugehört.

Ich mag übrigens ihren Namen nicht. Das ist ein Problem. Ich kann mich seit Jahrzehnten nicht dran gewöhnen. Entweder nur Elsa oder nur Sophia, und das eigentlich auch nicht.

Hätte ich freie Hand, würde ich sie Rosa nennen, Rosa von Kamphoevener. Aber es ist eine wahre Geschichte, und es geht nur mit ihrem wahren Namen. Darum sage ich so oft Baroness oder Mädchen zu ihr. Ich muss das Problem lösen. Ich muss den Namen akzeptieren. Aber besser, viel besser wäre es, ihn zu lieben. Ich werde Elsa schreiben und Rosa denken.

Das Teetässchen schmiegte sich wie die Taille einer Frau in meine Hand. Ich streichelte es mit dem Daumen oder drehte es hin und her oder balancierte es am oberen Rand zwischen Daumen und Zeigefinger. Es gibt so vieles, was man mit den klassischen türkischen Teetässchen machen kann. Türkischen Offizieren wird folgende Praxis nachgesagt: Man nehme eine Nadel und einen Bierdeckel oder etwas anderes, durch das man eine Nadel stechen kann, auf die spießt man dann einen Krümel Haschisch und entzündet ihn. Wenn er zu dampfen beginnt, stülpt man das Teegläschen drüber, damit nichts entweichen kann. Der Dampf tanzt wie eine Fee, und man sieht sich das gerne an, aber irgendwann hebt man den Rand des Teetässchens für einen Spalt und zieht sich die Fee rein. Iranische Offiziere machen das übrigens auch, allerdings mit Opium.

Ein Gläschen Tee, ein Gläschen Rauch, ein Gläschen voller Märchen. Die flüsternden Teegläser, von denen Elsa an einem Platz wie diesem vernahm, waren das Geschenk eines alten Derwisches an den gutherzigen Betreiber eines winzigen Teehauses im Basar. Der Gastronom hatte den Alten erschöpft und hungrig vor seinem Lokal gefunden und ihn sofort wie seinen Vater behandelt, bewirtet und beherbergt, obwohl der Derwisch wie ein klassischer Penner rüberkam. Dem Derwisch fiel als Dank dafür nichts anderes ein, als den Teegläschen seines Wohltäters Stimmen zu verleihen. Sie flüsterten die Gedanken derer, die aus ihnen tranken, wenn man sie wie eine Hörmuschel ans Ohr hielt. Aber nur bis zum Abwasch. Danach waren sie wieder gedankenleer und neugierig auf den nächsten Gast. Was passiert mit einem Wirt, der alle Geheimnisse seiner Gäste kennt? Im Prinzip dasselbe wie einem Lottospieler nach seinem Gewinn. Und was passiert mit mir? Mit meinem Märchen? Was wird mein Teegläschen in das Ohr des Wirtes flüstern, sobald ich um die Ecke bin?

»Hier dürfen wir drehen, leider … aber diesen Platz nachzubauen wäre auch kein Problem. Und für mich lukrativer. Wahrscheinlich läuft es auf einen Kompromiss raus, also umbauen. Auch das Teehaus. Es muss noch winziger werden und … äh … älter! Also rückbauen.«

Ich weiß nicht, ob das Flüstern meines Teegläschens dem Wirt gefallen hat, als ich um die Ecke war. Wenn er nur ans Geld dachte, bestimmt, und ich würde ihm, wenn es so weit kommen sollte, sicher nicht verschweigen, wie viel er daran verdienen konnte, aber wenn er stolz war, verfolgten mich seine Flüche auf meinem Weg zum Topkapi-Palast.

Er ist nur zehn Minuten vom Basar entfernt, und es regnete auch nicht mehr. Ich besichtigte ihn, um mir eine oder vielleicht auch zwei Inspirationen für eine weitere Schlüsselszene aus Elsas Leben zu besorgen, und nicht, um ihn auf Dreherlaubnis oder Nachbau abzuchecken. So größenwahnsinnig bin ich selbst in meinen manischen Phasen nicht. Der Topkapi-Palast beherbergt einige der heiligsten Relikte des Islam wie den Mantel, das Schwert und ein Barthaar von Mohammed, und das ist heiliger als jede Moschee, in der Drehen verboten ist, und was den Nachbau angeht, so vergegenwärtige man sich dies: Das Heim aller Sultane seit der Eroberung von Konstantinopel und der Umbenennung der Stadt in Istanbul umfasst 39 Hektar Grundfläche, ist im Wesentlichen aus Marmor, Stein und Gold gebaut, und würde man all seine Möbel, Türen, Galerien, Treppen, Fenster und Pavillons zu Bäumen rückgestalten, hätte man ganz schnell einen prächtigen Edelholzwald. Dekoriert wurde mit Diamanten, und der Harem ist so groß wie ein Dorf.

Normalerweise zerstören Touristenströme in Sehens-
würdigkeiten die Atmosphäre und machen jegliche Meditation in die Vergangenheit der Immobilie unmöglich,
aber für den Harem im Topkapi-Palast stimmt das so
nicht, denn die meisten Besucher sind Besucherinnen im
haremsfähigen Alter. Touristinnen aus aller Herren Länder kamen mir in allen Farben und Größen zu Hun-
derten entgegen, und es war fast so wie damals.

Auch die Haremsfrauen kamen von überall her. Eine
Armee von Männern mit präzisem Frauengeschmack,
heute würde man Model-Scouts sagen, war rund ums
Jahr und rund ums Reich unterwegs, um nicht nur die
schönsten, sondern auch die intelligentesten Mädchen
für den Sultan zu finden, denn sie wussten um das schnelle
Verfallsdatum von dummer Schönheit. Die Wunder-
mädchen aus Arabien, die Rosengleichen der Levante,
die Träume aus Turkmenistan, die Granaten des Bal-
kans. Früher kamen sie als Sklavinnen, heute als Touristinnen, die sich wie Sklavinnen fotografieren lassen. Las-
ziv neben ein Gitterfenster gelehnt, die Lust versteckt
hinter unsichtbaren Schleiern. Nur Elsa ging in den Harem, um ein Mann zu werden.

Elsa war inzwischen hochgewachsen, und die roten
Locken fielen ihr bis zur Hüfte, wenn sie den Haar-
knoten löste. Sie war fast eine Frau geworden, und das
war ihr Problem. Frauen durften in der Türkei um 1890
noch nicht einmal allein von Dorf zu Dorf gehen, geschweige denn kreuz und quer durchs Land reiten, was

Elsa aber unbedingt wollte, denn sie wusste inzwischen, dass die besten Geschichtenerzähler nicht an den Brunnen der Basare, sondern an den Feuern der Karawansereien saßen.

Als sie endlich siebzehn wurde, fragte sie ihren Vater um Erlaubnis dafür, und weil ihr Geburtstag zufällig auf den Tag fiel, an dem Sultan Abdülhamid II. ein Fest in seinen Palastgärten gab, hatte ich diese Szene eigentlich schon im Kasten. Endi Effendis Anfang des Films. Das schleichende Licht der 2000 Schildkröten, der letzte Tango der Osmanen, die wilden Tiere in den Käfigen, die Gesandten Englands und Frankreichs, die wie Krokodile grinsten, und Sean Connery in der Rolle des preußischen Militärattachés Louis von Kamphoevener im Gespräch mit seiner Tochter, deren Besetzung mir noch immer schleierhaft ist, und Vater Kamphoevener sagt:

»Nein, du kannst nicht mit den Karawanen reisen!«

»Warum nicht?«

»Weil du eine Frau bist.«

Was macht eine Siebzehnjährige in diesem Fall? Sie rennt zu ihrer besten Freundin und heult ihr die Ohren voll. Elsas beste Freundin war die älteste Tochter des Sultans und lebte im Harem. Und weil die Haremsdamen immer für einen Spaß zu haben waren, machten sie Elsa zum Mann. Sie verpassten ihr einen Kurzhaarschnitt und zogen sie an wie einen Mann, der mit Karawanen reitet, also mit weitem Gewand, Kapuze und einem

Schal, um das Gesicht vor Sonne und Sandsturm zu schützen. Dann zeigten sie Elsa, wie ein Mann geht, wie ein Mann redet, wie ein Mann trinkt und wie ein Mann lacht. Ob Damen, die als Jungfrauen in den Harem gekommen waren und seitdem nur einem einzigen Mann bei all dem zugesehen hatten, der beste Expertenkreis für die Umwandlung waren, sei dahingestellt, aber was sollte Elsa denn machen? Die Eunuchen fragen, wie ein Mann geht?

Als Mann verkleidet verließ Elsa den Harem und suchte mit männlichem Schritt ihren Vater auf, der sie erst erkannte, als sie sich zu erkennen gab, vorher hat er ihr den Mann geglaubt. Er war beeindruckt, und am meisten beeindruckte ihn, dass sie sich ihre Haare hatte abschneiden lassen. Er sah das Opfer, und in dem Opfer sah er die Wucht ihres Wunsches. Er akzeptierte ihren Willen und sprach mit ihr von Mann zu Mann.

»Kamerad«, sagte er, »du kannst dein Leben aufbauen oder zerstören. Und du darfst wählen.« Elsa wählte und ritt los.

Auch ich verließ den Harem wie ein Mann, was nicht so selbstverständlich ist, wie es scheinen mag. Manchmal fühle ich mich wie eine Frau, die einen Mann spielen muss. Manchmal muss ich lachen, obwohl ich weinen will, und hart sein statt weich. Manchmal brauche ich keine Herausforderung, sondern Schutz. Unterm Strich kann es deshalb durchaus mal vorkommen, dass ich eine

Frau sein will und kein Mann, aber als ich den Harem des Topkapi-Palasts verließ, wollte ich das nicht.

Alles lief nach Plan. Ich war im Fluss. Ich war mit mir im Reinen. Ich hatte mir eine Wasserpfeife auf der Galata-Brücke verdient. Und einen Sonnenuntergang über dem Bosporus mitten in der Stadt, der das Schwarze Meer mit dem Marmarameer verbindet. Wahrscheinlich wegen des Sonnenuntergangs und dem, was er mit dem Wasser macht, wird er Goldenes Horn genannt. Die Brücke hat zwei Ebenen. Auf der oberen geht man an Anglern vorbei, auf der unteren an Restaurants. Oben brummt der Straßenverkehr, unten blubbern die Pfeifen mit Zitronen-, Pfirsich-, Mango-, Cappuccino-, Birnen- und Apfelaroma. Zu essen gibt's Meeresbewohner, zu trinken alles Mögliche, der Wein ist meistens schlecht und der Tee ein bisschen überteuert, aber man zahlt das gern für den spektakulären Blick. Auf der einen Seite die Skyline der Moscheen und Minarette, auf der anderen die Kuppeln und Türme der orthodoxen Christen. Links orientalische, rechts venezianische Paläste, und in der Mitte das kleine Meer, das sich langsam zu vergolden beginnt, denn der Regen und die Wolken haben sich nach Asien verzogen. Fähren legen ab und kommen, Möwen schreien, Minarette singen.

Ja, ich bin mit mir im Reinen. Und mit ihr. Sie hat auch gern auf der Galata-Brücke eine Pause eingelegt, wenn sie von der Welt der Haremsdamen und Basare in die Welt der Levante hinüberging, in der die griechischen, armenischen und jüdischen Untertanen des Sultans wohnten und die meisten europäischen Gesandten wie der preußische Offizier Luis von Kamphoevener mit seinem Mädchen, das nun fast eine Frau war. Und fast ein Mann. Sie redete mit den Händen, trank mit einer Hand, und auch auf der Galata-Brücke nahm man ihr die Verkleidung ab. Ob sie damals zum Tee eine Wasserpfeife rauchte, weiß ich nicht, aber später rauchte sie so viel wie ich. Bis ins hohe, sehr hohe Alter. Sie hörte nie auf damit. Sie ist wie ich, oder bin ich etwa nicht wie sie mit siebzehn aufgebrochen? Über Land nach Indien, mit Stopover in Istanbul. Saß ich mit siebzehn nicht auch auf der Galata-Brücke und habe mich auf Anatolien und die Wüsten gefreut? War ich nicht auch hungrig auf Abenteuer und Geschichten? Wir sind aus einem Traum geschnitzt, die Märchenerzählerin und ich. Fast könnte man sagen, wir sind eins. Aber wirklich nur fast. Sie starb sieben Jahre, bevor ich losging. Über der einen Moschee geht die Sonne unter, über der anderen geht der Mond auf. So läuft das in Istanbul.

Schachmatt

Das »Grand Hotel de Londres« war für mich, und fast hätte ich gesagt, für sie und mich, ideal. Wir hatten denselben Geschmack für Brücken, und wir hätten auch dieselben Hotels genommen, wenn der Fluss, der uns trennte, nicht an die hundert Jahre breit gewesen wäre. Für ein Hotel sind hundert Jahre kein Problem, im Gegenteil, Hotels werden besser mit der Zeit, und nach hundert Jahren sind sie reif. Das »Londres« wurde 1846 von einer venezianischen Händlerdynastie als privater Stadtpalast für ihre Istanbuler Dependance gebaut und 1890 zu einem Grandhotel umfunktioniert. Dank der Weisheit der Besitzer und/oder dem orientalischen Laisser-faire sieht es heute noch so aus wie in den guten, verstaubten Tagen. Elsa hat es nie gebraucht, denn das Haus, das sie mit ihrem Vater bewohnte, stand nur wenige Gassen entfernt, aber sie, oder besser noch, ihren Vater im Salon des »Londres« ein Tässchen Tee oder Kaffee trinken zu sehen ist nicht völlig aus der Luft gegriffen und auch bei strengen Maßstäben an den Wahrheitsgehalt eines historischen Films nicht nur angemessen, sondern ausdrücklich gestattet, um nicht zu sagen, gewünscht.

Hier muss man nicht mehr machen, als die Kamera draufzuhalten und »action« zu sagen. Niemand braucht ein Kissen zu verrücken, geschweige denn umzudekorieren, wenn die Gardinen wie Reizwäsche rüberkommen und die Sessel wie Sofas aussehen, und nach Requisiten muss auch niemand auf die Suche gehen, denn dieses fabelhafte Hotel ist wie ein prall gefülltes Requisitengroßkaufhaus oder wie ein Requisitenlagerhaus und manchmal auch wie ein Requisitenfriedhof für Kuscheltiere. Die Papageienkäfige sehen super aus, die Papageien leider scheiße. Der Rest sind Spieluhren, Miniaturkarussells und Grammofone, Kanonenöfen, Pianos und antike Truhen, mächtige Spiegel und eine über den Salon, das Foyer und das Treppenhaus verteilte Heerschar vergoldeter Engel mit Pfeil und Bogen sowie vergoldeter Engel mit Schwertern und Engel gänzlich ohne Waffen, flankiert von Puppen, Spucknäpfen und dem wahrscheinlich ältesten Modell eines Staubsaugers weltweit. Der muss raus. Den gab es noch nicht zu Elsas Zeit.

Und action: Der preußische Militärberater Louis von Kamphoevener sitzt in der Uniform eines türkischen Marschalls Pascha mit einem befreundeten Offizier an der Bar des »Londres«. Die türkische Ehrenmütze (rot, ohne Bommel) hat er abgenommen und neben sich auf die Ebenholztheke gestellt. Er gönnt sich einen Kognak.

»Zum Teufel«, sagt er, »ich habe doch tatsächlich gestern meiner Tochter erlaubt, mit den Karawanen durch Anatolien zu reiten, und wer weiß, auch durchs wilde Kurdistan.«

Und der andere sagt: »Wie bist du denn drauf?«

»Ich gebe ihr natürlich ein paar von meinen besten Männern mit.«

»Wie viele?«

»Sieben.«

Nein, Vater Kamphoevener sagt sechs, denn dann wären es mit Elsa sieben, und das ist eine schöne Formation. Sieben Reiter galoppieren aus Istanbul, um irgendwo weit da draußen Märchen zu suchen. Und ich würde ihr folgen. Ich wollte auch die Stadt verlassen, nach irgendwo weit da draußen reisen. Als Nächstes, vielleicht schon morgen.

Aber zunächst erwartete mich in meinem Zimmer Oguz Han. Ich hatte ihn vor Tagen im Basar gefunden und sogleich gekauft, obwohl ich nicht handeln kann. Es war mir egal. Ich musste das Bild haben. Es zeigt in Öl und kräftigen Farben das Gesicht des konsequentesten Mannes Zentralasiens um 600 nach Christi Geburt. Seinetwegen glaubten die Urtürken, dass sie vom Wolf abstammen. Als Säugling im Wald verloren gegangen, nahm ihn eine Wölfin an, säugte ihn und brachte ihm alles bei, was Wölfe wissen müssen, und als Oguz wieder unter Menschen kam, sahen sie sofort, dass mit ihm nicht zu spaßen war. Er hatte, obwohl er leicht schielte, den absolut geraden Blick, der alles sofort entscheidet, und meist ging es um die Frage, du oder ich?

So übernahm Oguz in null Komma nichts die Führung seines Stammes sowie in null Komma nichts die Führung aller anderen türkischen Stämme, und als er sie alle beisammenhatte, ritten sie gen Südwesten. Wer jemals in Zentralasien war, wird Verständnis dafür aufbringen. Es ist keine liebreizende Gegend. Die Urtürken hatten Glück, denn sie waren Nomaden, und Nomaden sind gute Reiter, und gute Reiter sind gute Bogenschützen, also ritten sie alles platt, was sesshaft war, womit der lange Ritt der Türken durch Raum und Zeit begann. Von der grässlichen Mongolei bis an die Gestade des Mittelmeers und darüber hinaus. Erst Wien konnte sie stoppen. Und mit Oguz Han fing es an.

Der Erzfeind des Okzidents hängt an meiner Zimmerwand, und, was soll ich sagen, ich mag ihn. Der Urtürke hat blaue Augen in einem mongolischen Gesicht, und den Bart trägt er wie eine auf den Spitzen stehende Sichel. Ein Bild von einem Mann, aber, auch das ist nicht vergessen, es ist ein Bild in Öl, ob er wirklich so gut aussah, weiß man nicht, man weiß nur, was es mit einem Drehbuchautor macht, der seinen Film nicht ein drittes Mal in den Sand setzten will. »Reite«, sagt Oguz Han. »Reite alle Zweifel platt. Scheiß auf die hundert Jahre, die zwischen euch sind. Reite, bis du sie gefunden hast. Irgendwo da draußen wartet sie an einem Feuer auf dich.«

So sprach Oguz Han, und ich setzte mich an meinen Schreibtisch. Ich hatte ein paar Fragen an die Märchenerzählerin, falls ich sie irgendwo an den Feuern da draußen treffen sollte, und ich wollte sie mir notieren.

»Volles, bis zur Taille wellendes Haar sind zu Recht der Stolz jeder Frau. Es gibt ihr Kraft, Selbstvertrauen und jede Menge Schönheit. Wahrscheinlich auch Schutz, wenn es ihr wie ein Schleier ins Gesicht oder über die Brust fällt. Vielleicht bringt das sogar ein bisschen Lustgewinn oder, um es weniger sexistisch zu formulieren, eine gewisse Sinnlichkeit in den Sinn des Frauenlebens. Ich weiß, lange Haare sind auch Arbeit, aber die Tochter eines preußischen Gesandten wird in Istanbul jemanden dafür gehabt haben. Ich hörte, es war eine Armenierin, die Dir die Haare kämmte. Und die Tochter eines Sultans, die sie Dir abschnitt.

Hast Du sie dafür auch ein ganz klein wenig gehasst? Es war ja nicht Deine Idee, Du wolltest nur reiten und wusstest nicht, wie. Aber Deine beste Freundin wusste es. Sie hat Dir die Tür aufgemacht. Ohne sie hättest Du diese Prüfung nicht bestehen müssen. Geprüft wurde, ob es Dein Wunsch oder Dein Wille war. Dein Traum oder Dein Plan. Deine Pipi-Mädchen-Phantasien oder Dein Leben. Geprüft wurde Deine Konsequenz. Ob sie konsequent genug war für den Weg, der vor Dir lag. Ohne die Kreativität des Harems hättest Du Dich nicht vom Schicksal fragen lassen müssen: ›Bist Du es, die ich meine?‹ Und wo hast Du gesessen, während die Tochter des Sultans Dir die Haare schnitt? Vor einem der Fenster, dessen Gitter so kunstvoll geschmiedet sind, dass man ihre primäre Aufgabe vergisst? Fiel das Sonnenlicht auf Deine Füße oder auf Dein Gesicht? Und was für ein Gesicht hast Du gemacht? Ein trauriges oder eines, das Abschied nimmt? Das sind zwei Paar Schuhe, weil im Abschied ja immer auch der Aufbruch ist. Viel zu früh Abschied allerdings, denn Du warst ja gerade erst eine Frau geworden. Und schon ist es wieder vorbei. Hast Du dabei in einen Spiegel geschaut oder die Augen geschlossen gehalten?

Ach ja, noch etwas: Das Interieur eines imperialen Harems war nicht Dein natürliches Zuhause, aber auch bei Dir daheim wandeltest Du auf weichen Teppichen an allerlei Schnickschnack der Upperclass vorbei. Orient de luxe umgab Dein bisheriges Leben. Hast Du Angst vor Deinem neuen gehabt? Es gab Wölfe da draußen, Schlangen, Flöhe und böse Menschen. Es gab Wind und Wetter und Regen, es gab Blitze, Donner, Nacht und Nebel. Hast Du Dich davor gefürchtet oder darauf gefreut? Wenn Du Dich gefreut hast, ging es mit der Geschlechtsumwandlung gut voran. Abenteuerlust ist männlich. Aber Männer bekommen keine Menstruationsblutungen. Wie bist Du damit umgegangen? Wie konntest Du das verheimlichen, da draußen in der Männerwelt?

Okay, ich gebe zu, das ist kein märchenhaftes Thema, aber wie ist es damit: Liebe Elsa, ich glaube Dir bis heute nicht, dass Fehim Bey Dich nicht durchschaut hat. Du bist jahrelang mit ihm geritten. Hatte Fehim keine Augen, keine Ohren, keinen Geruchssinn. War er ohne Antennen für Östrogene geboren? Er hatte Dich durchschaut, und Du wusstest, dass er es wusste. Aber habt ihr auch gepudert, wie der Wiener sagt? Wirklich, Elsa, alle Welt wird das wissen wollen, wenn ich Deine Geschichte erzähle. Sex sells in Hollywood, das ist eben so. Mir persönlich wäre es genehmer, ihr hättet euch nur platonisch geliebt, denn dem Sex zwischen einem älteren Herrn und einer sehr jungen Frau hängt immer ein wenig peinliches Parfüm an. Ganz ehrlich, ich will keinen geilen Guru in Fehim sehen, denn er war ja nicht nur Dein Lehrer und Mentor, er ist durch Dich auch meiner geworden. Alles, was ich von Dir gelernt habe, weißt Du von ihm. Zum Beispiel, dass die Märchenerzähler die einzigen waren, die ungestraft die Sultane und Wesire kritisieren konnten, denn zur Not war es ja immer nur ein Märchen, o Herr. Hast Du eigentlich immer gewusst, ob es ein Märchen oder die Wahrheit war? Ein gutes Märchen ist voller Leben, und ein gutes Leben ist voller Märchen.

Ich will Dir eine Geschichte erzählen.

Ein Sultan wollte sein Nachbarreich angreifen. Seine Wesire rieten ihm davon ab, sie hielten den Gegner für zu stark. Woher wisst ihr das, fragte er. Wie kann man einen Feldherrn richtig einschätzen, bevor man mit ihm Schach gespielt hat? Der Sultan ließ sich seinen Sichelmondbart abrasieren und legte Kleidung und Turban eines reichen Kaufmanns an. Inkognito und mit nur einem Begleiter ritt er dann in die Hauptstadt seines Feindes, bezog das beste Hotel und begann mit der Schachspielerei. Erst forderte er die anderen Gäste des Hotels heraus, dann die besten Spieler der Stadt. Und schlug sie alle. Es dauerte eine Weile, bis sein Ruf auch den erreichte, den er meinte, aber schließlich war es so weit.

›O Gebieter‹, sprach ein Diener zu des Sultans Erzfeind, ›der beste Schachspieler der Welt ist in unsere Stadt gekommen.‹ Worauf er sofort seinen Kopf verlor, denn der beste war sein Herr.

Anschließend wurde der reiche Kaufmann in den Palast gerufen, und das imperiale Spiel begann. Die beiden Herrscher hatten sich vorher nie persönlich getroffen, sie kannten nur Bilder voneinander, aber das waren keine Fotografien, sondern Gemälde, wie meines von Oguz Han. Ohne seinen Bart und seine Sultanskleider blieb der Gast unerkannt. Aber nicht ungeschlagen. Der Sultan ließ seinen Gegner gewinnen, denn a) wollte er nicht wegen einer blöden Eitelkeit sein Leben verlieren, und b) ging es ihm grad nicht ums Gewinnen, sondern um das Studium der gegnerischen Taktik. Natürlich machte er es ihm nicht zu leicht, denn das wäre langweilig und vor allem unhöflich gewesen. Der Sultan wollte durchaus seinem Feind das Gefühl schenken, einen wirklich großen Schachspieler geschlagen zu haben, den zweitbesten der Welt vielleicht. Danach ritt er heim und kam ein paar Monate später mit seiner Armee zurück. Aber jetzt ließ der Sultan seinen Gegner nicht gewinnen. End of story.

Und nun frage ich Dich, Elsa, ist das ein Märchen, oder ist das wirklich so passiert? Ich sage es Dir. Die Geschichte ist wahr. Sultan Selim I. spielte Schach mit dem Schah von Persien, bevor er ihn 1514 bei Tschaldiran vernichtend schlug. Der Sultan nahm sich die Hälfte seines Reichs plus die Lieblingsfrau des Schahs, die selbst für das Niveau des Harems im Topkapi-Palast, in den er sie einbürgerte, eine Ausnahmeschönheit war.«

Ich schloss den Ordner »Fragen an Elsa«, klappte den Laptop zu und sah noch eine Weile aus dem Fenster. Istanbul bei Nacht blinkte wie eine gigantische Dönerbude. Die Liebe der Türken zu bunten Lichtern wirkt nur in kleinen Räumen kitschig; überzieht man damit eine Fünfzehn-Millionen-Stadt, wird sie erträglich. Spaß! Der Anblick war phantastisch. Ein Lichtermeer, die Hügel rauf, die Hügel runter und über die Brücken bis Asien. Die Hotspots wie Paläste, Minarette und Moscheen sind noch mal besonders ausgeleuchtet, und zwischen all dem fließt der ewige Strom der beweglichen Lichter. Autos, Schiffe, Flieger, alle machen mit, alle Boote, Schnellboote, Fähren und Ozeanriesen illuminieren mit ihren Positionsleuchten, Scheinwerfern und Bordlampen das kleine Meer inmitten der Stadt, das nachts nicht länger wie ein goldenes Horn aussieht, son-

dern sich wie eine funkelnde Vagina in die Stadt ein-
schmiegt. Istanbul ist weiblich. Istanbul ist magisch, und
Istanbul ist richtig.

Zum ersten Mal seit nunmehr 25 Jahren wähnte ich
mich mit meinem Film am richtigen Ort, und wenn ich
die inneren wie äußeren Zeichen nicht missdeutete, war
ich dort auch zur richtigen Zeit.

Noch nie hatte ich mich Elsa so nahe gefühlt, und
wenn das nur noch ein bisschen so weiterging, würden
den sich unsere Seelen überlappen, und ein Mann würde
zu einer Frau, die ein Mann werden will. Also schau
dir noch die Karawanserei an. Und dann bring deinen
Traum nach Haus.

Mein Handy schlug an. Der Regisseur aus Berlin. Es
war nicht ungewöhnlich für ihn, spät in der Nacht anzu-
rufen, aber so spät war neu. Ich glaubte zu wissen, worum es ihm ging, denn er wollte immer dasselbe. Dass
ich den Film mit ihm machte und nicht mit Michael,
dem Produzenten. Der im Übrigen auch täglich anrief,
allerdings mit umgekehrtem Begehr. Beide waren seit
meiner Abreise aus dem »Borchardt« schwer hinter mir
her. Beide winkten weiter mit Verträgen. Und beide er-
höhten mit jedem Telefonat ihr Angebot. Aber ich konnte
mich noch immer nicht entscheiden, weil ich noch immer der Meinung war, wir sollten Elsa zu dritt schau-
keln, doch davon wollten beide nichts hören. Und ich
wurde langsam weich. Ich verfügte über zu wenig Bar-
vermögen, um den Harten noch lange durchzuhalten,

und liegende Werte hatte ich auch nicht. Außerdem, ich sagte es schon, war ich mir so sicher wie noch nie, dass es dieses Mal kein Reinfall werden würde. Ich sollte mich also wirklich mal entscheiden. Aber der Regisseur nahm mir die Entscheidung ab.

»Alter«, sagte er, »ich steige aus.«

»Woraus?«

»Aus dem Projekt.«

»Warum?«

»Wir haben etwas herausgefunden, was den Film für uns unmöglich macht. Und für jeden anderen wahrscheinlich auch.«

»Was?«

»Sie war ein Nazi.«

»Wer?«

»Deine Märchenerzählerin.«

Showdown am Chiemsee

Erst konnte ich es nicht glauben, dann wollte ich es nicht glauben, und dann glaubte ich es noch immer nicht. So funktioniert Trauerarbeit.

Die Rechercheure des Regisseurs hatten im Landesarchiv von Schleswig-Holstein eine unveröffentlichte Autobiografie von Vater Kamphoevener gefunden, in der er sich enttäuscht darüber äußerte, dass seine Tochter in die NSDAP eingetreten war. So enttäuscht, dass er mit ihr brach. Man kann natürlich darüber spekulieren, warum sie das getan hat, aber man kann es auch lassen. Man kann stattdessen einen trinken gehen und es vergessen. Und ich war bereits in den Gassen. Ich sah viele Lokale, aber keins wollte mir passen. Ich war grad zu dünnhäutig für jeden Makel der Gastronomie. Zu voll oder zu leer, zu hell oder zu dunkel, zu laut oder zu leise, zu dies oder zu das, es reichte ein Detail, ein blödes Gesicht, das ich durch das Fenster sah, um weiterzugehen, obwohl ich dringend trinken musste.

Wie kann das sein, wie soll das gehen? Ihre Märchenhelden waren Untermenschen für Nazis, und ihr Lebensstil schrie nach KZ. Zigeunerin, Kettenraucherin, wahrscheinlich auch Kifferin, tolerant für alles Fremdartige, emanzipiert und, ich sage es ungern, aber nur, weil es mir ein paar geplante Liebesszenen schwierig macht, wahrscheinlich auch lesbisch. Ich konnte es nicht glauben, aber sollte es. Der Regisseur war kein Amateur. Und er hatte auch keine Gründe gegen den Film gesucht. Er war so scharf drauf wie ich. Er sah die Chance. Ich hatte auch mal eine Chance, und noch dazu eine, die ich reservieren konnte. Ich habe keinen Joker mehr. Ich werde verlieren. Nazi geht nur, wenn es eine Jugendtorheit ist, aber Elsa war über fünfzig, als sie in die NSDAP eintrat.

Ich ging schnell, um meiner Schwäche zu entfliehen, durch das Viertel ihrer Kindheit, und landete schließlich in einer Sackgasse, deren Ende eine Kneipe war. Ich nahm das als Zeichen und blieb. Ich besorgte mir ein Bier, aber wusste anschließend wieder nicht, wohin. Alle Barhocker waren besetzt, alle Tische auch, und es gab keine Ecken, in denen man sich privatisieren konnte. Der Raum war ein Viereck mit glatten Wänden. Ich ging ein paar Schritte hierhin und ein paar Schritte dahin, blieb stehen und trank. Verlierer sind allein, und wer allein ist, hat verloren. Und ich hatte noch nicht mal einen Platz, an dem man anständig verlieren kann. Meine Seele steckte in einem Fahrstuhl, der abwärts ging. So bin ich nun mal. Ich leide sofort ganzheitlich. Ein Traum verbrennt, und schon gibt es einen Flächenbrand.

Um irgendetwas zu machen, veränderte ich wieder meine Position und drehte mich noch einmal. Jetzt sah ich wieder zur Bar, und da hatte sich etwas getan. Alle, die an ihr gesessen hatten, waren aufgestanden und boten mir ihre Hocker an, auch der Wirt winkte mich heran, und kaum hatte ich mich gesetzt, stellte er mir mit derselben schwungvollen Herzlichkeit ein Schälchen mit Nüssen auf die Theke. Wie oft hatte Elsa davon geschwärmt? Sie betete die Gastfreundschaft der Türken an. Es war offensichtlich, dass der Barmann ohne kommerzielle Hintergedanken so fürsorglich war. Er liebte es einfach, gastfreundlich zu sein, und nutzte die Chance. Für Nomaden ist die Gastfreundschaft so wichtig wie ein gutes Zelt. Es ist ein archaisches Programm, ein Teil ihrer Identität.

Die Hälfte meines Problems war in diesem Moment gelöst. Ich war nicht mehr allein, ich kam heim in das universale Zuhause einer mir freundlich gesinnten Kneipe. Die andere Hälfte blieb. Und wurde größer. Elsa hatte es nicht nur verschwiegen, sie hatte auch gelogen. Und sie hatte nicht nur gelogen, sie hatte auch dreist gelogen. Ihren Aussagen zufolge wurde ihr immer und immer wieder der Eintritt in die NDSAP nahegelegt, als sie in Berlin für die UFA Drehbücher schrieb, und jedes Mal hätte sie gesagt, ich zitiere: »Nein, auch dieses Mal nicht.«

Ist das schizophren? Oder schlimmer, also charakterlos? Oder nur eine kindische Trotzreaktion? Denn nach den Informationen des Regisseurs trat sie 1933 in die NSDAP ein und wurde nach zwei Monaten wieder aus der NSDAP hinausgeworfen. Was war denn da los? Zweimal versuchte sie, wieder aufgenommen zu werden, und jedes Mal hat man es ihr verweigert. Die Geschichte ist glatt gegenteilig wie von ihr berichtet verlaufen. Meine Güte, alte Tüte, das war nicht nur eine unverschämte, sondern völlig unnötige Lüge, denn niemand hat dich zu ihr gezwungen. Aus reinem Spaß an der Freud hast du dich als standhafte Antifaschistin dargestellt. Das macht mir deine Verteidigung schwer bis unmöglich. Aber verteidigen muss ich dich. Oder soll ich die letzten 25 Jahre in der Pfeife rauchen? It's my time, it's my life, it's my everything, and … it's my money.

In Istanbul bin ich auf eigene Rechnung, liebes Kind. Und muss sie dringend um einen Whiskey erhöhen. Der Mensch braucht Whiskey, wenn es stürmisch wird. Die Wirkung einer potenten Spirituose ist bekannt. Sie ist flüssiger Mut. Solange man nach Lösungen sucht, wird es Lösungen geben. Ich mache eine Fiktion aus ihrem Leben. Ich gebe ihr einen anderen Namen. Rosa statt Elsa, das wollte ich doch immer schon, und was statt Kamphoevener? Und was statt Tochter eines preußischen Offiziers in Istanbul? Reicht das? Anderer Name, aber dieselbe Geschichte. Oder anderer Name und eine ähnliche Geschichte. Oder anderer Name und eine ganz andere Geschichte. Die Alternative wäre kein Name und keine Geschichte. Höre, o Freund und Bruder, ich hätte gern noch mal dasselbe, aber jetzt einen Doppelten und bitte wieder ohne Eis.

Die Musik veränderte sich parallel zu meinem Alkoholspiegel. Von einem unbestimmten Jazz-Trance-Ambiente-Gefummel zu ehrlichem Rock'n'Roll, und alle im Lokal begrüßten ihn körpersprachlich. Türken lieben Rock'n'Roll. Jeder liebt Rock'n'Roll, aber sie tun das mit einer Inbrunst, die Europa nicht mehr kennt. Rock'n'Roll save my soul. Und er gehört geritten. Ich hörte mal von einem Musikmanager, dass Rock'n'Roll ursprünglich ein Slangausdruck für ficken gewesen sei. Aber türkische Becken bewegen sich nicht so, als hätten sie einen Sexualpartner unter sich, sondern einen Pferderücken. Rock'n'Roll ist die Marschmusik der Nomaden. Der Beat der Schamanen. Das sind alles geile Sätze, aber sie sind für die Katz, wenn ich keine Geschichte mehr dazu habe. Und noch einmal zum Mitschreiben:

»It's my time,

it's my life,

it's my everything,

and … it's my money.«

Darum wirst du morgen nicht so schnell wie möglich zu den Karawansereien in Anatolien reiten, sondern nach Schleswig-Holstein ins Landesarchiv.

Jeder Mensch hat helle und dunkle Seiten. Zu meinen dunklen gehört die Schwierigkeit, mich zu entscheiden, zu meinen hellen die pure Geschwindigkeit, wenn ich mich entschieden habe. Man nennt das den verzögerten Killerinstinkt. Ich sprang am nächsten Morgen in das nächste Taxi, um den nächsten Flieger nach Hamburg zu nehmen und von dort den nächsten Zug nach Kiel, aber leider gehört zu meinen dunklen Seiten auch die Vergesslichkeit. Ich hatte wieder mal vor dem Schlafengehen vergessen, mir irgendwo eine Warnung fürs Aufwachen zu notieren. Auf einen Zettel, oder besser noch, in die Hand. Text: »Alles, was du heute Morgen denkst und fühlst, ist nicht real, sondern KATER! Glaub nicht dran.« Und weil das nirgendwo geschrieben stand, dachte ich auf der langen Fahrt vom »Grand Hotel de Londres« zum Atatürk Airport nicht an all die zauberhaften Plätze, Menschen und Momente, die ich auf der Suche nach der Märchenerzählerin gefunden hatte, sondern meditierte über die Entzauberung der Zukunft.

Ich hatte meine Schäfchen noch nicht im Trockenen, und die Karawane würde nie kommen. Wer einen Traum verliert, gewinnt das Leben. Das ist kein guter Tausch. Und wer sein Idol vom Sockel stürzt, stellt sich selbst drauf. Das ist auch kein guter Tausch. Wäre ich mein Vorbild, sähe es finster aus. »Alles, was du heute Morgen fühlst und denkst, ist KATER.« Ich las das nirgendwo, darum glaubte ich an das schwarze Loch, in dem ich verschwand, obwohl das Marmarameer so blau wie der Himmel war und tausendundein Containerschiffe bis zum Horizont parkten.

Zur Enttäuschung gehört die Erkenntnis, dass man sich hat täuschen lassen. Dafür schämt man sich. Und ich schämte mich auch für Elsa. Fremdschämen und Selbstschämen im Doppelpack, und dazu eine gehörige Portion Vorwurf. Als hätte sie mir keine Märchen geschenkt, sondern Märchen genommen, schlimmer noch, den Glauben an Märchen schlechthin. Niemand ist unbarmherziger als ein Exfan, nicht mal ein Exlover verachtet so konsequent und für immer und ewig das, was er einst angebetet hat. Enttäuscht, verarscht und alleingelassen, betrat ich den Flughafen, checkte ein und begann, Elsa zu hassen. Aber nach der Landung in Hamburg sah das alles schon ein bisschen besser aus, denn ich war dreieinhalb Stunden weiter. Die Flugzeit hatte die Alkoholvergiftung schon ein Stück weit aus den Organen herausgewaschen, und als ich noch mal zwei Stunden später Kiel erreichte, war ich biochemisch definitiv zurück auf der Siegerstraße.

Landesarchiv, die Behörde der Beweise. Der Nachlass der Familie von Kamphoevener passte in zwei Kartons. Akten, Schriftstücke, Briefe, Fotografien sowie die unveröffentlichte Autobiografie von Elsas Vater. Sie studierte ich zuerst. Er schrieb schlechter als seine Tochter. Ohne Talent, Witz, Poesie und Gefühl für Rhythmus. Er erzählte nicht, er berichtete. Und was berichtete das mir? Dass er eifersüchtig auf Elsas Fähigkeiten war? Vielleicht. Und vielleicht hat er auch ihren Bruder mehr geliebt als sie, denn über ihn schrieb er viel, über sie

kaum. Sein Sohn fiel früh im Feld, und Vater Kamphoevener kam nie darüber hinweg. Hat er es seiner
Tochter übel genommen, dass sie noch lebte und ihr
Bruder nicht? Eine gewagte These, aber so etwas kommt
in den besten Familien vor. Und würde auch Elsas
Wunsch, wie ein Mann zu gehen und wie ein Mann zu
lachen, noch mal auf andere Weise erklären.

Aber für die Annahme, dass sie ein Nazi oder kein
Nazi oder irgendwas dazwischen war, fand ich in dem
Familienkarton keine Beweise. Damit will ich nicht
sagen, dass keine drin waren. Ich fand einfach nur
keine. Die unveröffentlichte Autobiografie des Marschalls
Kamphoevener Pascha hatte ich wegen ihrer geringen
literarischen Qualitäten nur überflogen, aber es war immerhin ein kontrollierter Überflug, mit dem Fokus auf
ihren Namen einjustiert, und zum Problem bei den Brie-
fen wurde ihre Handschriftlichkeit. So oder so. Alles in
dem Karton war schwer zu lesen und kostete Zeit, darum las ich nicht alles, okay. Stattdessen fuhr ich nach
München, um mit Elsas letzter und noch lebender
Freundin zu sprechen.

Die fabelhafte Baronin von Hündeberg war in ihren ak-
tiven Tagen Redakteurin beim Bayerischen Rundfunk
gewesen. Dort lernte sie Anfang der Fünfzigerjahre Elsa
kennen, die inzwischen als »Märchenbaronin« über-
aus erfolgreich türkische Geschichten im Radio erzählte.
Eine fruchtbare Freundschaft zwischen Baroninnen brach

an, aber als ich in München eintraf, war die eine schon lange tot und die andere schon lange Witwe und pensioniert. Frau von Hündeberg lebte allein in einer großen, mit beeindruckenden Ölgemälden dekorierten Schwabinger Altbauwohnung, und sie selbst beeindruckte mich ebenfalls schwer. Sie war Mitte siebzig, blond und wunderschön. Ich hatte noch nie zuvor eine so schöne alte Frau gesehen. Allerdings war das Sonnenlicht, das durch die großen Fenster fiel, auch nicht schlecht, und so kamen zwei ewige Schönheiten zusammen.

Baronin von Hündeberg bot mir Kaffee und Plätzchen an, und rauchen durfte ich auch.

»Ich liebe Nikotingeruch«, sagte sie, »das erinnert mich an meinen Mann.« Den hätte ich natürlich ebenfalls sehr gern kennengelernt, denn er war, wie die Baronin berichtete, »der bekannteste Morphinist Münchens«, aber leider lebte er schon lange nicht mehr. Er hatte alle Bilder, die hier an den Wänden hingen, gemalt und war mit Klaus Kinski durch Münchens Nachtleben gezogen.

»Mit Klaus Kinski, Frau Baronin?«

»Ja, der Klaus war oft bei uns zu Gast und hat übrigens gern da gesessen, wo Sie jetzt sitzen, junger Mann.«

Blaue Augen strahlten mich an, Kaffee wurde nachgeschenkt, Nougatplätzchen gereicht. Besser ging es mal wieder nicht. Die Baronin hatte alle Zeit der Welt für mich und meine Fragen bezüglich ihrer Freundin. Ob Elsa in der NSDAP gewesen war, wusste sie jedoch auch nicht, von ihrem Eintritt, Rauswurf und ihren vergeblichen Versuchen, wieder reinzukommen, hörte sie von mir zum ersten Mal. Aber hatte Erklärungen dafür, wenn es stimmen sollte. Zwei insgesamt. Eine davon war das klassische Mitläufertum, die andere niedlich, und keine davon hatte mit der ernsthaften Naziwerdung einer Märchenerzählerin zu tun. Das schloss Baronin von Hündeberg aus. Sie und ihr Mann hätten es gerochen, und ich wusste, wie sie es meinte. Man riecht Nazis nicht mit der Nase, aber man riecht sie trotzdem und zieht unwillkürlich den Kopf zurück, um dem Gestank dieser Geisteskrankheit nicht so nahe zu sein.

Elsa Sophia von Kamphoevener trat laut dem ersten der beiden Erklärungsmodelle ihrer zauberhaften Freundin in die NSDAP ein, weil sie ohne das Parteibuch nicht in die Reichsschrifttumskammer aufgenommen wurde, was einem Berufsverbot für Autoren gleichkam. Sie schrieb Romane und Essays und wollte davon leben, und nun frage ich mich, was hätte ich denn damals an ihrer Stelle getan? Man verurteilt andere immer schneller als sich selbst, und noch schneller verurteilt man andere in anderen Zeiten. Außerdem warf man sie sofort wieder aus der NSDAP heraus, als man merkte, wes Geistes Kind sie war. In der zweiten, der niedlichen Version von Elsas Fehltritt erstrahlt sie als naive Widerstandskämpferin, die mit ihren Märchen die Partei von innen aufzuweichen gedachte, und an diese »Fünfte Märchenkolonne«-Version glaubte weder die Baronin von Hündeberg noch ich. Also Mitläuferin. Und weil das sechs Jahre vor Kriegsbeginn und acht Jahre vor dem Holocaust geschah, relativierten sich meine persönlichen wie beruflichen Probleme mit meiner Filmheldin ein bisschen zu ihren und meinen Gunsten, aber leider wusste meine Gastgeberin über alle Spekulationen hinaus einige Dinge über Elsas Alter zu berichten, die mir nicht weniger missfielen als der Stallgeruch des Faschismus zuvor. Das Gescheiterte-Leben-Thema, das Unhappy End zum Schluss. Die Baronin von Hündeberg nannte es »eine gewisse Verbitterung«. Die Märchenerzählerin fühlte sich zwar nicht von den Märchen verlassen, aber von dem Glauben, dass Leben und Märchen dasselbe sind, hatte sie sich verabschiedet.

Warum, wusste Frau von Hündeberg auch nicht mit Sicherheit zu sagen, vielleicht war eine kleine Dachkammer nicht das, was Elsa sich für ihren Alterssitz vorgestellt hatte, vielleicht fand sie auch Rheuma, Rückenschmerzen und all die anderen Beschwerden des Alters nicht sonderlich märchenhaft, vielleicht verblassten Erinnerungen und halfen nicht mehr, vielleicht dies, vielleicht das, unterm Strich kam dabei eine alte Frau heraus, die zu viel trank und zu viel schimpfte.

»War sie eine Alkoholikerin?« Ich weiß nicht mehr genau, was Frau von Hündeberg antwortete, denn dieser Nachmittag in München liegt ein Jahrzehnt zurück, und ich schrieb nicht mit, aber ich erinnere mich, dass es ihr schwerfiel, mit einem klaren »Nein« zu antworten. Natürlich war die Märchenerzählerin nicht abhängig vom Alkohol, aber sie brauchte ihn. Und ich bin der Letzte, der das nicht versteht. Aber genau das war nun mein Problem. Ich war der Blinde, der einer Blinden folgt. Ich war ihr einfach zu ähnlich. Mich faszinierte ihr Leben, weil es meines war. Auch ich habe ewig und drei Tage daran geglaubt, ein Kapitel in dem Märchenbuch des Lebens zu sein, auch ich habe mit Peris gesprochen und Traumverkäufer getroffen, auch ich spazierte durch den Orient und seine süße Sorglosigkeit und brauchte keinen Pfennig zum Glück, sondern Geschichten, und für den Fall, dass mal alle Stricke reißen sollten oder auch nur die Zeit dafür reif war, würde, so sicher wie das Amen in der Kirche, die Karawane daherkommen, um mich mitzunehmen.

Und nun? Die Überlappungen unserer Seelen, die mich bisher immer hoffnungsfroh gestimmt hatten, begannen mir nun Sorgen zu bereiten. Und ich wollte keinen Problemfilm machen.

»Gestatten Sie eine letzte Frage, Frau Baronin?«

»Aber gerne, junger Mann.«

»Konnte Elsa reiten?«

»Warum wollen Sie das wissen?«

Ja, warum? Musste das denn wirklich sein? Wollte ich mir endgültig die Geschichte kaputt recherchieren? War ich auf Zerstörung aus? Dann sollte ich zum Arzt gehen und nicht nach Hollywood. Elsas eigenen Berichten zufolge ist sie jahrelang von Karawanserei zu Karawanserei auf einem Schimmel geritten, den ihr Sultan Abdülhamid II. zum 17. Geburtstag geschenkt hatte, aber den Aufzeichnungen ihres Vaters ist zu entnehmen, dass Elsa nicht reiten konnte, weil sie Angst vor Pferden hatte. Nach der ersten Reitstunde sei das Thema Pferd beendet gewesen, schrieb er, und nun fragt man sich nach allem Gelesenen natürlich, ob Elsa ihr Leben auf dem Rücken der Pferde glatt erfunden hat.

Und wieder antwortete die Baronin von Hündeberg milde lächelnd mit einer Gegenfrage.

»Was erwarten Sie von einer Märchenerzählerin?«

Ich nahm mir einen Mietwagen für die letzte Etappe. Es begann zu regnen, und ich fand das passend. Der Regen wischte die Farben aus dem Chiemgau und verhüllte die Berge. Ich wollte es zu Ende bringen, ich musste den Bogen schließen. Ich hoffte dort, wo alles begonnen hatte, Frieden mit ihr und mit mir zu schließen. Ich war nicht mehr wütend und nicht mal mehr enttäuscht. Auch der Gedanke, über zwanzig Jahre einer Chimäre hinterhergelaufen zu sein, hatte seinen Schrecken verloren, denn wenn man zu »hinterherlaufen« »reisen« sagt, fragt man sich: Was war so schlecht an den Kaskaden des Nils und an Marrakesch? Was war so schlimm an den Sternennächten im Recreation-Camp der Beduinen und den Lichtern von Istanbul, selbst die beknackte Fahrt durch Nevada möchte ich nicht negieren, nur weil sie mich nicht nach Hollywood gebracht hat.

Ich fuhr nicht durch den Regen, um mich an ihrem Grab zu beschweren, ich kam, um entweder Abschied zu nehmen oder einen Königsweg zu finden, vielleicht wollte ich ihr auch meinen Segen geben und darüber hinaus ein bisschen mit ihr reden. Ich bin gut im Reden mit Toten. Mein sechster Sinn ist die Einbildungskraft. Und auch der Regen lenkt den Blick auf innere Bilder. Das ist einer seiner Vorteile.

Ich konnte sie wieder sehen. In dieser grad wolkenverhangenen Gegend hatte Elsa nach dem Krieg für eine Suppe Märchen erzählt und die Dachkammer für ihre alten Tage gefunden, hier hatte sie sich auf eisglatten Wegen ein Bein gebrochen und wurde von den Ordensschwestern vom kostbaren Blut so hervorragend gesund gepflegt, dass sie es ihnen mit ihrer Konvertierung dankte, hier ist die geborene Protestantin und Wahlmuslima katholisch geworden; und all das ist nicht gesponnen, dafür gibt es Zeugnisse von Zeitgenossen, auch für ihre Märchenstunden an der Front des Zweiten Weltkriegs liegen verlässliche Berichte vor. Und ist es wirklich so schlimm, wenn sie nicht geritten ist? Dann war sie eben in einer Kutsche oder per Anhalter auf Eselskarren unterwegs. Der Kern ihrer Geschichte wird stimmen, sie hat ihr Märchenvolontariat an den Feuern der Karawansereien gemacht, aber ob jahrelang oder nur ein paar Wochen oder auch nur an zwei, drei verlängerten Wochenenden, das weiß ich nach meinem Besuch bei der Baronin von Hündeberg nicht mehr so gewiss. Und auch nicht, ob das in Männerkleidung geschehen ist.

Wenn aber der Kern ihrer Abenteuer nicht ein märchenhaftes Leben, sondern eine triviale Mädchenphantasie gewesen ist, mag ich sie nicht nacherzählen. Dazu kommen die Unklarheiten über das Parteibuch der langen Schatten und die Depression im Alter. Gäbe es nur eines dieser Probleme, könnte ich es knacken, bei zwei wäre ich mir nicht mehr so sicher, aber alle drei zusammen machen den Film zu schwierig, und sollten meine letzten Fragen an ihrem Grab nicht zufriedenstellend beantwortet werden, fällt mit dem Regen im Chiemgau auch der Vorhang für einen Lebenstraum. Und zwar nachhaltig.

Ich erreichte den Friedhof von Marquartstein und erkannte ihn sofort wieder. Vor 22 Jahren hatten drei Brüder hier Silvesterraketen in die Winternacht geschossen und schneegekühlten Champagner getrunken, nur ihr Grab fand ich nicht auf Anhieb, und der Regen hatte nicht nachgelassen, sondern wurde stärker, und für so etwas hatte ich definitiv die falschen Schuhe gewählt, und auch meine Haare wurden triefnass, als ich Reihe für Reihe auf der Suche nach ihrer letzten Ruhestätte abging und nirgends die Inschrift fand: »Hier ruht die Märchenerzählerin Elsa Sophia von Kamphoevener.«

Ich machte die Runde ein zweites Mal und fand sie wieder nicht. Bisher war ich allein gewesen, jetzt betrat eine junge Frau den Friedhof. Mit den richtigen Schuhen und einem Regenschirm. Ich fragte sie, ob sie Elsas Grab kenne. Sie sagte Nein. Ich fragte sie, ob es noch einen anderen Friedhof im Ort gebe. Sie sagte Nein. Ich fragte sie, ob es möglich sei, hier vor zwei Jahrzehnten an einem Grab gestanden zu haben, das es heute nicht mehr gebe. Und sie sagte Ja. Alle fünfzehn Jahre würden die Nachkommen, oder wer immer die Pacht und Pflege des Grabes bezahle, gefragt, ob die Sache weitergehen solle. Wenn ja, könne der Tote dort für weitere fünfzehn Jahre der Ewigkeit ruhen, wenn nein, komme ein anderer Toter rein.

Um diese Botschaft zu verdauen, aber auch, um mir nicht den Tod zu holen, flüchtete ich in die Kirche Zum kostbaren Blut. Sie war menschenleer, kalt und dunkel. Und, wenn ich ehrlich bin, komplett trostlos. Es war unfair, das katholische Gotteshaus in Marquartstein mit der Süleyman-Moschee in Istanbul zu vergleichen, aber ich tat es trotzdem. Kein weicher Teppich, sondern harte Bänke, kein Raum-Zeit-Gefühl für die Ewigkeit, sondern ein Ausblick in das Nichts sowie eine Zwangsmeditation über die Vergänglichkeit des Lebens, der Gräber und der Namen. Die Märchenerzählerin war wie ausradiert. Und ich werde auch mal ausradiert sein, na, wie geil ist das denn; hier bleibe ich keine fünf Minuten, nicht mal zwei.

Ich trat den Rückweg in den Regen an, um die Gräberrunde ein drittes Mal zu gehen, blieb aber im Vorraum der Kirche noch einmal vor einem Regal mit kleinen Kerzen stehen. Eine zu entzünden kostete fünfzig Cent. Man steckt die Münzen in einen Schlitz, doch man kann es auch lassen. Ich wollte die katholische Kirche nicht betrügen, aber ich wollte auch nicht prassen und zählte deshalb die Münzen ab. Eine Kerze für Elsa, das war das Einzige, was ich noch für sie tun konnte. Ein kleines flackerndes Licht in der finstersten Kirche, in der ich je gewesen bin, war meine letzte Chance auf eine Kontaktaufnahme mit der ausradierten Märchenerzählerin, und der Kontakt wurde umgehend hergestellt.

»Es geht nicht um mich«, sagte sie. »Das war von Anfang an ein Missverständnis. Mein Leben war wie deines eine Lüge, nur die Märchen sind wahr. Nur die lohnt es sich zu verfilmen. Verstehst du mich? Und übrigens, mein Grab ist noch da.«

Auf der dritten Runde fand ich es, blieb aber nicht lange, a) wegen des beharrlichen Regens und b), weil das Grab selbst wenig gesprächig war, um nicht zu sagen, es schwieg. Aber es war ja auch schon alles gesagt und alles verstanden, denn ich hatte auf das kalte, dunkle Nichts in der Kirche Zum kostbaren Blut wie auf eine Leinwand gesehen, über die eine Karawane zog. Das Märchen, mit dem alles begann, war mein Film.

»Höre, o Freund und Bruder« – Der Film

Ein literarisches Drehbuch auf der Grundlage einer Geschichte der Baronin Elsa Sophia von Kamphoevener, die sie auf der Grundlage einer alten türkischen Geschichte nacherzählt hat. Die Nacherzählung einer Nacherzählung eines ewigen orientalischen Märchens.

Höre, o Freund und Bruder, wir nehmen den Basar von Marrakesch, werfen die Marokkaner raus und bevölkern ihn stattdessen mit Türken, Persern, Syrern, Armeniern, Juden und was es sonst noch in Kleinasien an Völkern gibt, kleiden sie wie seit tausend Jahren, und wenn sie schon so gekleidet sind, nehmen wir ihnen nur die Armbanduhren, Sonnenbrillen, Handys und Hörgeräte weg, und schon haben wir ein stimmiges Bild vom ewigen Orient. Turbane wogen, Bärte wachsen gen Boden, Schleier verbergen das möglicherweise Hässliche, aber betonen die Schönheit der Augen, Kinder machen sich am besten am Besen nützlich, Katzen lungern vor Vogelkäfigen, Hunde freuen sich, dass sie nicht getreten werden, nur Touristen gibt es nicht.

Wir gehen zunächst von außen nach innen und dann von den teuren zu den billigen Dingen. Von den breiten Basargassen der Teppich-Samt-Seide-Juwelen-Elfenbein-und-Tigerfell-Händler in die schmalen Gassen der Kunsthandwerker, in die noch schmaleren der Handwerker, und landen schließlich bei den Underdogs der Basare, die aber trotz des finanziellen Dauerengpasses, den sie Leben nennen, stolz ihre Turbane, aber auch ihre Turbanfakes aus Küchentüchern, Exvorhängen und Putzlappen in allen Farben und Größen auf den Köpfen tragen.

Glich die Kamerafahrt bisher einem rauschhaften Dauerlauf, nehmen wir nun Geschwindigkeit heraus, um uns auf Details zu konzentrieren. Ein Mann mit rotem Turban, ein Mann mit blauem Turban, ein Mann mit weißem Turban, ein Mann mit Traumblase, ein Mann mit grünem Turban, ein Mann mit gelbem Turban, und stopp! Zurück! Vorbei an dem gelben und grünen Turban, bis wir wieder bei dem Mann sind, der statt des Turbans eine Traumblase als Kopfbedeckung trägt. Was ist das?

Es sieht wie eine Gedankenblase in einem Comic aus. Aber es steht nichts in ihr geschrieben, eher scheint es, dass sich ein Bild in ihr bewegt. Der Mann dazu ist klein, dünn und wirkt irgendwie weggetreten, aber nicht unzufrieden, im Gegenteil, er strahlt die Lebensqualität des Bescheidenen aus.

Untertitel hämmern ein:

»Name: Omar

Alter: zwischen 35 und vierzig

Beruf: Mattenflechter

Schicksal: streitsüchtige Frau«.

Noch bevor wir uns dem Inhalt seiner Traumblase nähern und damit widmen können, zerplatzt sie, denn eine
kalte, zickige, Schimpfwörter transportierende Stimme
sticht wie eine Nadel in sie hinein. Streitsucht ist etwas
anderes als Streitlust oder Streitkultur. Sie ist eine Krank-
heit der Seele und die vergiftete Zunge ihr Symptom.
Streitsüchtigen geht es nicht um die Reparatur beschä-
digter Kommunikation, sondern um die Lust am Stress
und am Rechthaben. Sie ist die pure und permanente
Arschlochaggression. Sie dreht ihren Opfern die Wörter
im Munde um, deshalb ist es egal, was man antwortet. Es
ist sowieso immer falsch und dumm. Und immer ist der
andere schuld. Der kleine Mattenflechter trägt die Schuld
daran, dass seine Frau nicht das Leben einer Prinzessin
führt, für das sie sich merkwürdigerweise geboren fühlt.

Sie ist weder schön noch schlau noch geschäftstüch-
tig, sie ist auch nicht fleißig, und kochen kann sie ebenfalls nicht. Sie schnarcht, wenn sie schläft, und schimpft,
wenn sie wacht, wobei sie geschickt ihre Beschimpfun-
gen in Klagen an den Allmächtigen verpackt. Warum
hat Allah sie mit diesem Versager zusammengebracht?
Warum lebt sie in einer Hütte und nicht in einem Palast?
Warum tragen ihre Hände Schwielen statt Schmuck?
Warum hat sie nicht 25 Orgasmen pro Tag? Warum,

weshalb, wieso ist ihr Gatte so dumm wie Brot? Was nicht stimmt, aber was macht das schon? Streitsucht orientiert sich nicht an Tatsachen und Tatbeständen, und ihre Bereitschaft, auch mal zuzuhören, entspricht der von Wänden. Es gibt keine Argumente, die sie besänftigen können, im Gegenteil, jedes Widerwort des Beschimpften lodert sogleich wie ein armes Stück Holz in ihrem Höllenfeuer.

So geht das nun seit Jahren, aber an dem Tag, an dem wir die Geschichte betreten, entscheidet sich der kleine Mattenflechter, nicht mehr länger seinen Atem zu verschwenden, sondern zu schweigen, egal, was sie sagt, und das macht die Sache nur noch schlimmer. Denn das ist eine Provokation, verdammt noch mal. So geht das nicht. Wenn du glaubst, mich ignorieren zu können, bist du falsch gewickelt, falsch beraten und falsch geraten, du Würstchen von einem Mann, oder soll ich Männchen sagen? Hast du deine Zunge verschluckt, hat es dir die Sprache verschlagen, bist du jetzt nicht nur so dumm, sondern auch noch so stumm wie Brot? So in etwa sprach seine Frau mit ihm, als der Mattenflechter nicht mehr zu antworten pflegte, und das deutlich lauter als zuvor und ohne Punkt und Komma, also pausenlos von früh bis spät, und in der Nacht, wir sagten es schon, schnarchte sie.

Untertitel hacken ein:

»Jeder trägt sein Kreuz,

aber nicht jedes Kreuz muss sein.

Fördernd ist Schwerhörigkeit.«

Der Mattenflechter schleicht sich aus der Hütte und steht allein im schlafenden Basar. Er hat ein bisschen Teig und Honig mitgenommen, vermischt sie und rollt zwei Kügelchen daraus, aber steckt sie sich noch nicht in die Ohren, sondern geht hellhörig zurück in die schnarchende Hütte, um den Genuss auszukosten, ein letztes Mal zu leiden, und das auch nur so lange, wie er es für nötig hält. Er schaut auf die hässliche Säge in seinem Bett, steckt sich die Bällchen in die Ohren, und seine Frau ist weg. Er sieht sie noch, aber das ist nicht sie, denn sie war ihre Stimme. Ohne ihre Stimme ist sie so störend wie ein Reissack in der Ecke. Ein Lächeln zieht sich über sein Gesicht, und lächelnd flicht er in den folgenden Tagen seine Matten, während seine Gattin wie ein boshafter Staubsauger ihre Kreise um ihn zieht. Er hört sie nicht.

»Du sagst, wir sind nicht arm, weil wir keinen Hunger haben, und können zufrieden sein, denn es regnet nicht rein, du meinst, ich soll Allah dankbar sein für das, was er uns gibt, und auch noch beten für so 'nen Scheiß wie dich. Ein Mattenflechter kommt knapp hinter dem Tagelöhner, und unter dem ist schon der Bettler. Ich bin in der Unterschicht des Märchens gefangen, und du bist mein Scheißwächter.«

Anmerkung der Redaktion: Die Meinung dieser Frau entspricht nicht der unseren. Wir meinen, der Mattenflechter kann stolz auf seine Arbeit sein, denn er widmet sie den Füßen der Armen.

Und nun trägt er auch wieder seine Traumblase als Kopfbedeckung. Sie ist noch sehr klein, aber wächst beständig. In ihr schimmert, nein, flimmert etwas, wie Sand bei Sonnenaufgang, Konkretes sieht man noch nicht. Prinzipiell ist jetzt also alles paletti, es gibt nur noch ein Problem, vielleicht sogar zwei. Das zweite hat damit zu tun, dass ich nicht weiß, wie man es filmisch thematisieren soll, außer in einem Dialog, aber ein Dialog würde das Thema ins Absurde führen. Mir fehlt hier die Stimme des Erzählers oder der Erzählerin, darum, höre, o Freund und Bruder, führe ich sie ein. Eine weibliche Stimme, sanft, aber nicht naiv, märchenhaft, aber nicht ohne Sex-Appeal, weist uns darauf hin, wie wichtig für unsere Selbsterkenntnis die eigene Stimme ist. Fast wichtiger als der Spiegel. Ist sie kräftig oder jämmerlich, hohl oder voll, verhalten oder da, lügt sie oder lacht sie? Ohne sie zu hören, wissen wir das nicht. Und naturgemäß beginnen wir unsere Stimme erst dann zu vermissen, wenn sie nicht mehr spricht.

Der kleine Mattenflechter ist ein Mann mit praktischer Intelligenz. Er denkt nicht über das Undenkbare nach, über den Sinn des Lebens, Gott und was nach dem Tod passiert, denn das steht schon alles im Koran. Wahre Intelligenz kennt ihre Grenzen und verschleudert nicht ihr Potenzial. Hier wird sie praxisorientiert gebraucht. Der Mattenflechter will seine eigene Stimme hören, aber keinen Mord und Totschlag daheim riskieren, und an öffentlichen Plätzen will er nicht stören, also sucht er sich einen Ort, an dem ihn niemand hören kann, wenn er redet.

So einen Ort gibt es in der Stadt nicht, aber außerhalb ihrer Mauern, vielleicht so 500 Meter von ihnen entfernt, steht eine uralte Ruine, in die niemand mehr geht, weil alle glauben, dass ein Dschinn in ihr lebt. Einige sagen sogar, es sei kein Dschinn, sondern ein Dev. Der Unterschied zwischen diesen maskulinen Geistern besteht darin, dass ein Dschinn fast immer und ein Dev ausschließlich böse ist, und beide ernähren sich am liebsten von Menschenfleisch. Darüber hinaus sehen sie so schrecklich aus, dass man in der Regel schon bei ihrem Anblick vor Schreck stirbt. Kurz gesagt, ist ein Dev das Schrecklichste und ein Dschinn das Zweitschrecklichste in dieser Welt, aber der Mattenflechter sieht das ein bisschen anders. Für ihn belegt ein Dschinn nur den dritten und ein Dev den zweiten Platz in der Hitparade des Grauens, denn das absolut Schreckliche sitzt bei ihm zu Haus. Darum fürchtet er sich nicht allzu sehr vor bösen Geistern und glaubt darüber hinaus auch nicht sonderlich an sie. Jeden Abend, wenn der Muezzin zur Beendigung des Tagewerks und zum Gebet aufruft, legt er deshalb die Matten zur Seite, nimmt die Hörblockaden raus und sucht die verfluchte Ruine vor den Stadtmauern auf.

Da wird es dann ziemlich laut. Zwanzig Jahre unterdrückte Wut bricht aus ihm heraus. Er schreit mehr, als dass er redet, und er tobt mehr, als dass er schreit, und fühlt sich dann nach etwa einer Stunde nicht nur erschöpft, sondern auch entspannt und befreit. In Indien nennt man das dynamische Meditation. Danach kommen die Teig-Honig-Bällchen wieder in die Ohren, und er geht zufrieden heim.

Das geht vierzig Tage gut.

Die Vierzig ist eine sehr beliebte Zahl im Orient. Vierzig Tage, vierzig Nächte, vierzig Räuber, vierzig Jungfrauen, auch vierzig Zwerge machen Handstand, zwanzig am Sandstrand und zwanzig am Wandschrank. Und ernsthafter behandelt zählt die Vierzig als Zeitmaß für Prüfungen. In diesem Fall wird die Geduld eines sprichwörtlich Ungeduldigen geprüft, und nach vierzig Tagen passiert in der Ruine genau das, womit die ganze Stadt rechnete. Der Boden vor den Füßen des schimpfenden Mattenflechters tut sich auf, ein gewaltiges Loch entsteht, Säulenbögen brechen, Mauern fallen, und der Dschinn kommt in einer Wolke aus Schutt und Staub heraus. Kein Dev, den brauchen wir hier nicht, der Dschinn sieht schrecklich genug aus. Etwa zehn Meter groß, bis zur Unkenntlichkeit vermuskelt, und Fratze statt Gesicht. Blutrote Augen berichten von seiner Höllenseele, giftiger Speichel spritzt durch ungepflegte Zähne, und als er zu brüllen anhebt, scheint es dem Mattenflechterlein, dass nicht ein Wortschwall, sondern ein Meteoritenhagel über ihm niedergeht.

»Wichser! Wurm! Wahnsinniger! Was glaubst du, wer du bist? Seit vierzig Tagen gehst du mir mit deinen Beziehungsprobleme auf die Nerven. Meine Geduld ist zu Ende! Ich mach Schluss! Ich knips dich aus! Ich schlag dich zu Brei und mach tausend Brötchen draus. Aber als Erstes reiß ich dir mal die Zunge raus.«

Fördernd ist, wenn in Krisenzeiten Automatismen greifen. Der Mattenflechter ist es gewohnt, zusammengeschissen zu werden, und bleibt cool. Er sagt kein Wort und zieht sich in die inneren Gefilde zurück. Von außen betrachtet, sieht das wie Angstlosigkeit aus. Der Dschinn reagiert darauf irritiert und fällt ein bisschen aus der Rolle.

»Äh, sag mal, was ist denn los? Bist du kein Mensch? Normalerweise fallen Menschen vor Schreck tot um, wenn sie mich sehen. Hast du keine Angst vor mir?«

»Nö, eigentlich nicht.«

Und schon geht es mit dem Gebrülle wieder los. Was heißt hier »nö«, und was heißt hier »eigentlich«? Bist du größenwahnsinnig oder dämlich? Hast du jemals was Schrecklicheres gesehen als mich?

Das war natürlich nur eine rhetorische Frage, umso mehr erstaunt den Brüllgeist die Antwort. Sie lautet: »Ja.« Und ab sofort hat es der kleine Mattenflechter mit einem eifersüchtigen Dschinn zu tun. Das ist normal. Jedes Model will die Schönste sein, jeder Schwanz der geilste, und in dem Wertekatalog der Dschinne zählt nur die Schrecklichkeit.

Wer ist schrecklicher als er? Das will der Dschinn nun sofort von dem Mattenflechter wissen. Eine der größten

Tugenden unseres Helden aber ist die Ehrlichkeit, und man kann sich denken, wie es nun weitergeht.

»Mein Weib«, antwortet er. »Mein Weib ist schrecklicher als du.«

Der Dschinn wirkt wie vom Schlag getroffen. Er steht paralysiert in der Ruine, er ist geistig irgendwie abgedreht. Etwas Unglaubliches scheint in ihm vorzugehen, und als er sein Brüllen wiedergefunden hat, outet er sich als Single, der die Nase vom Alleinsein aber so was von gestrichen voll hat. Seit 2000 Jahren versucht er, eine Frau zu kriegen, aber jede, um die er bisher freite, verstarb umgehend. Was ist das für ein Leben? 2000 Jahre nur Onanie beziehungsweise Nekrophilie, auch Leichenschändung ist nicht dasselbe wie ein erfülltes Sexleben, okay?! Und jetzt hört dieser arme, einsame und sexuell komplett frustrierte böse Geist von einer Frau, die nicht vor Schreck tot umfallen wird, wenn sie ihn sieht, weil sie noch schrecklicher ist als der schrecklichste Dschinn, also schrecklicher als er. Folge: Er ist auf der Stelle rasend verliebt und formuliert, seinem ungeduldigen Wesen entsprechend, auch sogleich sein Begehr.

»Gib sie mir!«, brüllt er.

Der Mattenflechter kann das alles nicht recht nachvollziehen.

1. Ein Dschinn hat sich verliebt!

2. In meine Frau!!

3. Und er will sie von mir geschenkt haben!!!

Weil er das nicht glauben kann, fühlt er sich verarscht, und weil er sich verarscht fühlt, antwortet er nicht, und weil er nicht antwortet, brüllt der Dschinn so laut wie noch nie zuvor:

»BIST DU SCHWERHÖRIG? GIBST DU SIE MIR, ODER GIBST DU SIE MIR NICHT?!!«

Untertitel hacken ein.

Anmerkung der Redaktion: Wir erlauben uns zu fragen: Könnte er sich das nicht sparen? Könnte er nicht den Mattenflechter zu Brei hauen und sich seine Frau nehmen? Antwort: Ja, das könnte er, denn er ist ein Dschinn. Aber er ist auch ein Orientale. Er will keine verheiratete Frau ficken. Auch keine Witwe. Sie sollte ordentlich geschieden sein, und dafür gibt es zwei Sätze. Entweder der Ehemann sagt zu ihr: »Dein Gesicht ist mir wie dein Rücken«, oder er sagt »Ich gebe sie dir« zu einem interessierten Dritten. In beiden Fällen ist die Ehe damit annulliert. So läuft hier der Deal seit mehr als 2000 Jahren.

»Ich gebe sie dir«, sagt der kleine Mattenflechter.

Mit jedem dieser vier Wörter fällt ein Stein von seinem Herzen, und jeder dieser Steine wiegt 250 Kilogramm, unterm Strich ist das eine Tonne. Mit dem Körpergefühl einer Feder dreht er sich um und schwebt davon. Er kommt nicht weit. Noch bevor er aus der Ruine verschwinden kann, erinnert ihn das Brüllen des Dschinns daran, dass vorher noch einige Formalitäten zu regeln sind. Grob gesagt, geht es um die Ehre des Orients. Du hast mir eine Frau geschenkt, jetzt bin ich mit Schenken dran. Wünsch dir was. Alle Macht der

Welt? Oder alles Geld? Oder alles Wissen, alle Weisheit, alle Weiber? Egal was. Ich besorg es dir. Aber wünsch es dir schnell, verdammt noch mal. Ich habe ein Date.

»Du willst mir wirklich noch einen Wunsch erfüllen?«

»Ja!«

»Egal, was es ist?«

»JA!«

»Kannst du das auch?«

»JAAAAAAA.«

»Dann bring mich so weit weg von meiner Frau, wie es geht.«

Der Mattenflechter hat seine Frau zwar gerade verschenkt, aber er fürchtet das Rückgaberecht. Der Dschinn erklärte ihm deshalb, wie das Bring-mich-so-weit-weg-von-meiner-Frau-wie-es-geht-Projekt funktioniert.

»Kletter auf meine Schultern, atme so tief ein, wie du kannst, und halte den Atem dort, solange es dir möglich ist, an. Je tiefer du einatmest und je länger du ihn anhältst, desto weiter bringe ich dich.«

Und wieder brauche ich Unterzeilen oder eine Erzählerstimme, aber inzwischen denke ich sogar, dass man die Stimme sehen sollte, die Stimme der Wissenschaft, die immer dann Grundsätzliches erklärt, wenn Tiefe nötig wird. Ich denke an eine libanesische Professorin der Orientalistikfakultät in der Universität von Istanbul während eines Märchenseminars. Und ich denke dabei an

Salma Hayek, also an Frau Professor Ratt en Scharf. Sie steht in einem körperbetonten Kostüm mit Zeigestock wahlweise vor einer Schultafel oder vor einer Landkarte (»Der alte Orient«) und erklärt ihren Studentinnen und Studenten, dass die »Bring-mich-so-weit-weg-von-meiner-Frau-wie-es-geht-Methode«, die der Dschinn dem Mattenflechter vorschlägt, eine Atemübung aus dem indischen Yoga ist. Dort wird sie Kundalini genannt. Und das beweist laut Frau Professor Ratt en Scharf zweierlei: 1. dass die Märchen der türkischen Nomaden weit gereist sind, oder anders gesagt, nicht nur persische und arabische Geschichten mit eingewoben haben, sondern sogar Einflüsse aus dem fernen Hindustan, und 2., dass die Märchen in der Tat auch die Geheimlehren der Derwische transportieren.

»Die Bring-mich-so-weit-weg-von-meiner-Frau-wie-es-geht-Atemtechnik in der ›Perlenkarawane‹ ist ein gutes Beispiel dafür. Kinder verstehen sie rein märchenhaft, Mystiker finden darin einen Schlüssel für spirituelle Übungen.«

Sollten hier Bedenkenträger unter Filmschaffenden anmerken, dass ein Unterricht wie der gerade skizzierte zu wissenschaftlich und zu trocken für einen Märchenfilm ist, möchte ich sie daran erinnern, welcher Mund sie formuliert. An den roten Lippen von Frau Professor Ratt en Scharf würde man auch dann hängen, wenn sie aus einem Telefonbuch vorläse. Und noch etwas: Ich kann mir auch vorstellen, dass die Frau Professor schon früher zu gebrauchen ist, vielleicht sogar bereits am Anfang des Films. Aber vorstellen kann man sich vieles.

Der kleine Mattenflechter sitzt inzwischen auf den Schultern des Dschinns und atmet mit geschlossenen Augen so tief ein, wie er noch nie eingeatmet hat, und hält auch den Atem so lange an wie nie zuvor, und dann macht es rums und bums und zisch und zack, und als er die Augen öffnet, findet er sich irgendwo weit weg in der Wüste auf einem Stein sitzend wieder und schaut auf eine ihm gänzlich fremde Stadt, während hinter ihm der Dschinn wie eine Rakete zu einem Blind Date der Schrecklichkeit entfleucht.

Der Mattenflechter erhebt sich, geht zur Stadt, passiert deren Tore und betritt wohlgemut sein neues Leben. Er checkt sein Startkapital dafür und kommt zu dem Schluss, dass es für zwei Kaffee reichen wird. Da irrt er sich. Das Kaffeehaus, das er erwählt, weil es ihm am nächsten steht, ist das beste und teuerste der Stadt, und so sehen dessen Gäste aus. In Samt und Seide gehüllt, prächtige Turbane, Augen voller Stolz und Hochmut, und ein kleiner, bescheidener und auch etwas staubiger Mann in einem billigen Kapuzenkaftan fällt in so einer Runde natürlich auf. Auch der Wirt kriegt das mit, aber im Gegensatz zu den reichen Kaufleuten gehört die Gastfreundschaft zu seinem Beruf, und oberstes Gebot der Gastfreundschaft ist es, Fremden das Gefühl zu vermitteln, ein temporäres Zuhause gefunden zu haben, und das wiederum geht am besten durch ein Gespräch.

Aber wie geht ein Gespräch? Im Orient? Ich würde das gerne Frau Professor Ratt en Scharf fragen, ohne ihr eine Überpräsenz in dem Film einzuräumen. Es ist nur eine winzige Sequenz und könnte auch als kleines Bild in den Hauptfilm einmontiert werden. In einem Rahmen oder in einem Spiegel erscheint die Orientalistikwissenschaftlerin wie immer in hochhackigen Schuhen, schwarzen Strümpfen, schwarzem Kostüm und weißer Bluse, und man hört rote Lippen sagen:

»Der Orient kennt nur eine Regel für das Gespräch mit einem Fremden. Stelle niemals Fragen, die den Fremden dazu zwingen könnten, entweder zu lügen oder eine für ihn beschämende Antwort zu geben, denn beides wäre für ihn ein Gesichtsverlust. Am besten stellt man Fragen, deren Antworten man bereits kennt. Hat der Wirt den Mattenflechter jemals zuvor gesehen? Nein. Dann dürfen Sie jetzt raten, was er den Fremden als Erstes fragen wird.«

Und schon verschwindet Frau Professor Ratt en Scharf im Spiegel.

»Der Herr ist nicht von hier?«, fragt der Wirt.

»Ganz recht«, sagt der Mattenflechter.

»Der Herr ist zum ersten Mal in der Stadt?«

»Auch das stimmt.«

»Der Herr kommt von weit her?«

»Genauso ist es.«

Der Wirt denkt für ein paar Sekunden nach, denn nun steigt der Schwierigkeitsgrad der höflichen Gesprächsführung mit einem offensichtlich mittellosen Fremden. Das ruft Frau Professor Ratt en Scharf in einen der Kaffeehausspiegel zurück. Sie erklärt uns, dass diese Stadt an einem Knotenpunkt der wichtigsten Karawanenstraßen liegt und jeder Fremde, der sie betritt, irgendwas mit Karawanen zu tun haben muss. Der Mattenflechter sieht nicht aus wie einer, der Karawanen besitzt, er wird nicht mehr als einen Esel haben, aber streng genommen sind ein Mann und ein Esel auch eine Karawane, oder nicht?

Deshalb wird der Wirt den Mattenflechter gleich danach fragen, ob er auf seine Karawane wartet, und dann Obacht, meine Damen und Herren, dann achten Sie mal darauf, was passiert.

»Der Herr wartet auf seine Karawane?«, fragt der Wirt.

Der Mattenflechter macht ein Gesicht, als hätte ihn eine Glücksfee bestäubt, und sogleich macht es Bling!, und die Traumblase ist wieder über seinem Kopf. Wir haben sie lange nicht mehr gesehen. Er hat sich ja auch lange nicht mehr die Ohren verstopfen müssen, um der Stimme seiner Frau zu entgehen. Während der vierzig Tage des Schweigens in seinem alten Leben trug er sie so beständig, dass man sie für einen Turban hätte halten können, nur wenn er sich die Teig-Honig-Bällchen aus den Ohren genommen hatte, verschwand sie.

Und nun ist sie wieder da. Und wieder ist dieses Flirren in ihr, diese Farben, die wie ein Sonnenaufgang in der Wüste aussehen, aber jetzt und hier gehen wir näher ran und sehen mehr. In der Traumblase geht tatsächlich die Sonne über einer Wüste auf, und aus dem Flirren am Horizont wogt wunderbar langsam eine prachtvolle Karawane heraus. Das also war der Tagtraum des armen Mattenflechters im Basar. Er wartete auf die wertvollste Karawane, die je durch den Orient gezogen ist. Und er wartet auf sie, weil es seine ist. Noch nie hat ihn jemand danach gefragt.

»In der Tat«, sagt der Mattenflechter, »ich warte auf meine Karawane.«

Der Wirt kombiniert. Was wird sein Eselchen tragen? Billige Teppiche? Und die billigsten Teppiche kommen woher?

»Der Herr wartet auf seine Karawane aus Turkmenistan?«

Der Mattenflechter ist ein Basarprofi, er weiß besser als der Wirt um die Qualität der Ware aus Turkmenistan, darum wird er jetzt ein bisschen ungehalten.

»Niemals!«, ruft er, und »weit gefehlt« und »Gott bewahre«. Denn: »Gibt es Smaragde in Turkmenistan? Gibt es Saphire in Turkmenistan? Gibt es Rubine in Turkmenistan? Gibt es Diamanten in Turkmenistan?«

»Nein«, stammelt der Wirt. »Die gibt es da nicht.«

»Darum kommt meine Karawane auch nicht aus Turkmenistan, guter Mann, sondern aus Hindustan, denn bis auf die Perlen transportiert sie nur Edelsteine. Und ich sag Ihnen noch was. Damit ich schon von Weitem sehen kann, was genau sie mir bringt, aber auch, weil es so schön aussieht, lass ich die Edelsteine in Satteltaschen füllen, die ihrer Farbe entsprechen. Rote Satteltaschen für Rubine, grüne für Smaragde, blaue für Saphire. Und was die Perlen betrifft, die lass ich durchstechen und an Seidenschnüren aufziehen. Und Sie wissen ja, was mit zu vollen Satteltaschen manchmal passiert. Sie öffnen sich, und dann fallen die Perlenschnüre heraus und wickeln sich um die Beine der Kamele. In den Strahlen der aufgehenden Sonne sieht das wirklich zauberhaft aus, denn sie reflektieren ihr Licht besser als jeder Spiegel. Jedes zehnte meiner Kamele ist mit diesen Schnüren beladen, bei einer Karawane von vierhundert Tieren macht das immerhin vierzig Perlenkamele.«

Der Wirt reagiert auf diese Geschichte, als hätte eines der Perlenkamele ausgeschlagen und ihn mit dem Huf am Kopf getroffen. Er kann es nicht glauben, aber muss es glauben, und warum, erklärt uns gern Frau Professor Ratt en Scharf, aber wir gönnen ihr jetzt doch mal wieder eine Szene in einem für sie natürlicheren Umfeld als einem Spiegel. Die schärfste Lehrkraft der Universität von Istanbul steht im Hörsaal vor einem Gemälde, auf dem ein Kaffeehaus für Reiche zu sehen ist, in dem der Wirt mit einem Armen spricht. Es ist die fotografisch genau nachgezeichnete letzte Filmszene. Frau Professor Ratt en Scharf zeigt mit dem Stock auf den Wirt.

»Er hört in der Tat Unglaubliches. So eine Karawane hat er sein Leben noch nicht gesehen, und die Welt auch nicht. Aber sein Gast sieht nicht wie der reichste Mann auf Erden, sondern wie ein Bettler aus. Er muss ein Spinner sein, ein schlechter Spinner, weil er so übertreibt, und eigentlich mag der Wirt das überhaupt nicht, denn er ist ein cooler Realist, aber er ist ebenfalls ein guter Menschenkenner. Nach zwanzig Jahren in der Gastronomie muss er das auch sein, sonst ist er kein Wirt, sondern ein Penner. Alle guten Wirte sind gute Menschenkenner, und er ist ein sehr, sehr guter Wirt, und seine sehr, sehr gute Menschenkenntnis sagt ihm, dass sein Gast nicht lügt. Weder in seiner Körpersprache noch in seinen Augen und auch nicht in seinem Tonfall und seinem Atem ist irgendwo eine Lüge verborgen. Und ich sage Ihnen was, der Wirt hat recht.«

Frau Professor Ratt en Scharf zeigt nun mit ihrem Stöckchen auf den Mattenflechter.

»Er lügt tatsächlich nicht. Alles, was er über seinen Traum erzählt, ist wahr, jedes Detail stimmt, egal, wie unwahrscheinlich es klingt. Es ist die Wahrheit über seine Traumkarawane, und niemand hat ihn ›Träumst du?‹ gefragt. Denn dann hätte der Mattenflechter ›Ja, natürlich‹ gesagt. Weil er so ehrlich ist. Aber der Wirt fragt das nicht. Er fragt was anderes.«

Frau Professor Ratt en Scharf tippt mit der Spitze ihres Zeigestocks wieder auf den Gastronomen, der sogleich lebendig wird.

»Mein Herr«, fragt der Wirt in dem Ölbild, »ist Ihnen vielleicht ein großes Unglück geschehen?«

Vom Zeigestock der Frau Professor Ratt en Scharf ein zweites Mal berührt, schweigt er sofort und wird wieder zu Öl und Leinwand. Sie doziert.

»Es ist nicht schwer zu erraten, woran der Wirt dabei denkt. Räuberische Beduinen. Überfall in der Wüste. Sie haben ihm alles genommen, die Kamele, die Kleider, das Taschengeld, und er ist nur mit dem nackten Leben davongekommen. Aber er hat ja noch viele Karawanen zu Hause, und jetzt wartet er auf seine nächste, und wenn sie eintrifft, zieht er sich um. Das ist die einzige Erklärung für die Diskrepanz zwischen der ärmlichen Erscheinung seines Gastes und dessen Reichtum, die dem Wirt einfällt.

Dem Mattenflechter aber fällt, als er ›großes Unglück‹ hört, dagegen nur und sofort seine Ex ein, und er antwortet deshalb wie stets wahrheitsgemäß.«

Frau Professor Ratt en Scharf tippt den Mattenflechter im Ölbild an, der damit, genau wie der Wirt zuvor, zum Leben erwacht.

»In der Tat«, sagt der Mattenflechter, »ein übergroßes Unglück widerfuhr mir, um genau zu sein. Aber woher wissen Sie das?«

Und nun ist alles klar. Für den Wirt und auch für uns. Wir brauchen Frau Professor Ratt en Scharf deshalb im Augenblick nicht mehr, das Ölbild von dem Kaffeehaus erwacht mit den letzten Worten des Mat-

tenflechters in Gänze zum Leben und füllt die Kinolein-
wand aus. Wir sind zurück im Märchen. Der Wirt muss
den Tisch des Mattenflechters verlassen, denn er wird
von anderen Gästen gerufen, Stammgästen, wohlhabenden Kaufleuten.

Sie sitzen in einer Gruppe zusammen und beschweren sich bei ihm darüber, dass er sie für einen offensichtlich konsumschwachen Bettler vernachlässigt.

»Ihr irrt euch, das ist kein Bettler, sondern der reichste
Mann der Welt«, sagt der Wirt, und alle lachen, woraufhin der Gastronom lächelnd in die Küche verschwindet.
Ach ja, bevor ich es vergesse, über seinem Kopf ist jetzt
auch eine Traumblase.

Die wohlhabenden Kaufleute lachen noch eine Weile
über seine Torheit, nur einer unter ihnen lacht nicht
mit. Er sieht aus wie der Wohlhabendste der Gruppe,
man könnte auch sagen, wie der Reichste, wie der reichste
Kaufmann der Stadt, denn er trägt die teuersten Ge-
wänder, den größten Turban und den längsten weißen
Bart. Er raucht eine langstielige Pfeife, deren Kopf am
Boden steht, sein Gesicht drückt Wachsamkeit aus, er
beobachtet den Mattenflechter.

»Warum so ernst, o Baya Bey, glaubst du dem Wirt
etwa?«, fragt sein Nachbar.

»Ich glaube gar nichts«, antwortet der Angesprochene,
»aber ich kenne den Wirt seit vielen Jahren. Er ist intelli-
gent und integer. Außerdem weiß ich, dass die Reichsten
der Reichen sich gern auch mal verkleiden.«

Noch bevor sein Nachbar etwas darauf erwidern kann, erhebt sich der reiche Kaufmann Baya Bey und geht zum Tisch des Mattenflechters.

Den Rest kennen wir.

»Der Herr ist nicht aus unserer Stadt?«, fragt er.

»In der Tat«, antwortet der Mattenflechter.

»Der Herr kommt von weit her?«

»Wie recht Sie haben.«

»Der Herr wartet auf seine Karawane?«

Das Gespräch mit dem reichsten Kaufmann der Stadt verläuft wie das Gespräch mit dem Wirt, deshalb müssen wir nicht noch mal gesondert darauf eingehen. Wir hören es ja auch fast nicht, wir hören eine Flöte und eine Trommel. Die Flöte ist transzendent, die Trommel energetisch. Derwischmusik. Dazu bewegen sich die Lippen des Mattenflechters wie im Rausch, und in seiner Traumblase ist zu sehen, wovon er gerade berichtet. Eine rote Satteldecke, ein grüne, eine blaue, und jetzt die Perlenschnüre, alles wie gehabt und wie soweit bekannt, nur ein Detail ist anders als bei dem Gespräch mit dem Wirt: Seine Karawane ist ein bisschen angewachsen, und in der Traumblase sind folgende Zahlen zu sehen: »400« ist fett durchgestrichen, darunter steht »800« und ist fett unterstrichen.

Auch der reiche Kaufmann Baya Bey ist von Berufs wegen ein exzellenter Menschenkenner, auch er sieht, hört und fühlt, dass der Mann nicht lügt. Deshalb glaubt auch er an einen Überfall räuberischer Beduinen, und auch er stellt die falsche Frage und bekommt die richtige Antwort.

»Ganz recht, mir ist ein Unglück widerfahren. Aber woher wissen Sie das?«

Ergebnis dieses Gesprächs: Der Kaufmann lädt den Mattenflechter ein, Gast in seinem Haus zu sein, und zwar umgehend. Dort könne er in aller Ruhe und allem Komfort auf seine Karawane warten. Und als die beiden gemeinsam das Kaffeehaus verlassen, ist der reiche Kaufmann Baya Bey der Dritte in dem Märchen, der eine Traumblase trägt.

Die zurückgebliebenen Kaufleute verlieren daraufhin schnell ihr Lachen.

»Wenn Baya Bey an ihn glaubt, ist an der Sache vielleicht doch was dran«, sagt einer. »Und wenn an der Sache was dran ist, sind wir jetzt nicht mehr dran«, sagt ein anderer. »Dabei waren wir schon so dicht dran«, sagt ein Dritter, was stimmt und nicht stimmt. Der Mattenflechter hat nur wenige Tische von ihnen entfernt gesessen, aber ihr Hochmut lag wie tausend Lichtjahre dazwischen. Und nun geben sie dem Klugen die Schuld daran, dass sie dumm gewesen sind, und um diesem abstrusen Vorwurf eine Logik zu verpassen, leugnen sie ihr Ego und bemühen das Gemeinwohl. Alle könnten von dem sagenhaften Reichtum des Fremden profitieren, alle Kaufleute im Lokal, alle Menschen in der Stadt, einfach alle und nicht nur einer, der sowieso schon zu viel hat, und so wird mehr oder weniger in null Komma nichts aus einem losen Haufen halbwegs befreundeter Kaufleute ein Kollektiv, das sich die Umverteilung der Karawane auf die Fahnen geschrieben hat.

Man muss allerdings dazu sagen, dass es schon lange in ihnen gärte, denn Baya Bey ist nicht zum ersten Mal der Schnellere gewesen, sonst wäre er nicht der Reichste unter ihnen. Die schnellste Ratte gewinnt immer das Rattenrennen, und um dieses unsoziale Naturgesetz vielleicht nicht ein für alle Mal, aber zumindest im aktuellen Fall außer Kraft zu setzen, beschließen sie, den einzigen Mann in der Stadt aufzusuchen, der Naturgesetze aushebeln kann. Den Großwesir im Sultanspalast. Sie machen sich sofort auf den Weg, denn die Zeit eilt. Jede Stunde, die der reichste Mann der Welt im Haus von Baya Bey verbringt, zählt gegen sie und (wir haben es nicht vergessen) gegen alle.

Was ist ein Großwesir? Weiß das jeder, oder brauchen wir Frau Professor Ratt en Scharf dafür? Vielleicht reichen auch Untertitel, um zu erklären, dass ein Wesir dasselbe wie ein Minister ist und ein Großwesir einem Kanzler entspricht. Wir werden sehen, wenn es so weit ist, und es ist bald so weit, denn die Kaufleute haben sich zu einer hurtigen Gangart durch die Gassen und den milden Abend angetrieben und stehen schon vor den Toren des Palasts, um eine Audienz beim Großwesir zu erbitten, und jeder, der ihnen sagt, das geht jetzt nicht, seid ihr beknackt, es ist viel zu spät dafür, wird mit Bakschisch zu einer gegenteiligen Einschätzung der Lage gebracht. Bakschisch ist keine Backpfeife, müssen wir das auch erklären? Nee, man sieht ja die Münzen von Hand zu Hand wandern, und am Ende dieser Wanderschaft verbeugen sie sich tatsächlich vor dem zweitmächtigsten Mann im Land, der in Wahrheit der mächtigste ist, weil sein Chef, der Sultan, die ihm angeborene absolute Macht mit Haremshurereien und übermäßigem Drogenkonsum ein bisschen vergessen hat. Wir kommen noch darauf zurück, augenblicklich beschäftigen uns die schlechte Laune des Großwesirs und sein düsterer Blick.

»Ich hoffe, es ist wichtig«, schnauzt er die Kaufleute an. »Und damit wir uns recht verstehen, das hoffe ich nicht für mich.«

»Der reichste Mann der Welt ist in unsere Stadt gekommen!«, rufen sie fast unisono.

»Ach, wie schön …«

»Und Baya Bey hat ihn sich geschnappt.«

»Wie immer.«

»Ja, wie immer, aber dieses Mal ist er zu weit gegangen. Wir sollten alle von dem märchenhaften Reichtum des Fremden profitieren, wir, Ihr, der Sultan, die Infrastruktur, die Stadt, das Land. Baya Beys Gier ist unsozial, unsolidarisch und unfair, oder was meint Ihr?«

»Sie ist empörend!«, ruft der Großwesir.

Nächste Szene. Sänftenträger werden schmerzhaft auf Drehzahl gebracht, denn was heute ein Turbo macht, vollbrachte im Individualverkehr des alten Orients der beherzte Peitschenschlag, und schon klopft der Großwesir an Baya Beys Tür. Der Mattenflechter hat inzwischen gebadet, gespeist, getrunken und ist hocherfreut, ein drittes Mal an diesem Tag seinen Traum zu kommunizieren.

»Der Herr ist nicht von hier?«, fragt der Großwesir.

»In der Tat.«

»Der Herr kommt von weit her?«

»Stimmt genau.«

»Der Herr wartet auf seine Karawane?«

»Und wie!«

Und wieder ist in seiner Traumblase die Hölle los, und wieder verdoppelt sich die Anzahl der Juwelen und Perlen tragenden Kamele darin, und wieder hört ihm ein großer Menschenkenner zu, und wieder werden Sänftenträger gequält, denn der Großwesir muss dringend in den Palast zurück, um mit dem Sultan ein Wort zu reden. Der Sultan weilt in seinem Harem. Statt in einem Haufen von Kissen ruht er in einem Haufen von Frauen. Ein hochgewachsener schwarzer Eunuch bedient die Wasserpfeife, an der sein Herr ohne Unterlass nuckelt. Sexspielzeuge liegen herum.

»Großwesir, was willst du hier?«, murmelt der Sultan. »Siehst du nicht, dass ich meditiere? Hast du ein Problem?«

»Nein, o Herr, ich habe überhaupt keine Probleme mehr, oder besser, bald nicht mehr, und auch Eure Probleme, o Gebieter, werden dann vergessen sein, und zwar alle. Und Ihr kennt mich, o Padischah, wenn ich alle sage, meine ich alle. Es wird einfach keine Probleme mehr geben, denn der reichste Mann der Welt ist zu Gast in unserer Stadt und wartet auf die wertvollste Karawane, die je den Orient durchzogen hat.«

Die Wasserpfeife blubbert, der Dampf ist süß, und der Sultan kriegt kaum die Augen auf, aber wer ihn kennt, wird sagen, dass er es in diesem Moment immerhin probiert. Er ist interessiert.

Der Großwesir kennt ihn und legt nach.

»Die Staatskasse ist leer, o Herr, die Kriegskasse ist leer, Eure Privatschatulle ist, wie ich vermute, ebenfalls leer, und leer ist auch die Kasse für Spesen, Spaß und (er schaut auf die Dildos aus purem Gold) äh … solche Sachen. Die Steuern können wir nicht mehr erhöhen, sonst droht eine Revolution, die Korruption können wir nicht abschalten, sonst droht ein Putsch, der Armee können wir den Sold nicht länger vorenthalten, sonst droht eine Meuterei, und …«

»Großwesir, willst du ein Bier?«

Schnitt, scharfer Schnitt, Frau Professor Ratt en Scharf muss her. Sie sitzt auf dem Pult ihres Hörsaals mit übereinandergeschlagenen Beinen und wippt mit denen ein bisschen rum.

»Hier haben wir ein schönes Beispiel dafür, dass die Märchenerzähler die Einzigen waren, die Kritik an den Mächtigen äußern konnten. Diesen Sultan gab es tatsächlich. Selim II., Sohn von Süleyman dem Prächtigen und seiner Lieblingsfrau Roxelane, war zwar kein Kiffer, sondern ein Trunkenbold und ließ sich selten außerhalb seines Harems sehen. Schön für ihn, schlecht fürs Reich, dessen Abstieg mit Selim II. begann. Nur die Märchenerzähler durften ungestraft davon berichten, denn es war ja nur eine Geschichte, o Herr.«

Frau Professor Ratt en Scharf zeigt auf das Ölbild vom Harem an der Wand und tippt mit ihrem Stock die Wasserpfeife darin an. Die beginnt zu blubbern, und wir sind zurück im Märchenland.

»Nein«, sagt der Großwesir, »ich brauch kein Bier, ich brauch eine Tochter von Euch.«

Der Sultan setzt abrupt die Wasserpfeife ab.

»Für dich? Meine Tochter?! Du bist ein toter Mann!!!«

»Nein, o Herr, natürlich nicht für mich, das würde ich nie wagen, wirklich nicht. Ich brauche eine Eurer Töchter für den reichsten Mann der Welt.«

»Reicht es nicht, wenn du ihm die Karawane wegnimmst?«

»Das reicht nur für eine Karawane, o Herr, nicht für alle, die er hat und noch haben wird. Erst als Euer Schwiegersohn ist der reichste Mann der Welt der Eliminator all unserer Probleme.«

Der Sultan nickt das ab, der Großwesir ist entlassen, seine Sänfte flitzt durch die Gassen zum Haus des Kaufmanns Baya Bey, dann flitzt sie mit dem Mattenflechter zum Palast zurück. Ab sofort ist er Gast des Sultans, wenig später schon sein Schwiegersohn. Man hat ihn mit der schönsten der 87 Sultanstöchter verkuppelt, und er ist rasend verliebt. Darüber hinaus quatscht er tagein, tagaus von seiner Karawane, und nicht nur seine Gattin, der Sultan und der Großwesir, sondern auch alle Palastbediensteten und fast jeder in der Stadt trägt in diesen Tagen eine Traumblase über sich. Auf den Stadtmauern stehen rund um die Uhr Wachen mit Adleraugen und Fanfaren. Alle warten auf die Karawane.

Vierzig Tage lang.

Am Morgen des 41. Tages erwacht die Frau des Mattenflechters zu früh. Es ist noch weit vor Sonnenaufgang, aber sie kriegt einfach kein Auge mehr zu. Sie ist schlechter Laune, und sie rüttelt ihren Mann wach, damit sie ihre schlechte Laune loswerden kann, denn sie betrifft ihn. Vierzig Tage hat sie gewartet, vierzig Tage hat sie Geduld gehabt, vierzig Tage hat sie alles mitgemacht, vierzig Tage war sie süß und lieb, vierzig Tage hat sie die Verliebte gespielt, vierzig Tage war sie naiv. Und was sie damit sagen will: Die vierzig Tage sind um. Sie glaubt ihm nicht mehr. Sie glaubt vielmehr, dass sie auf einen Spinner reingefallen ist, alle hier sind auf ihn reingefallen, aber sie musste am meisten geben. Und kriegt nichts dafür. Im Gegenteil: Ihre Zukunft ist ihr genommen. Sie hätte jeden Prinzen der Welt haben können, stattdessen liegt ein Penner neben ihr. Ich sage dir was, Penner, deine Karawane wird nie kommen.

Der Mattenflechter reagiert schockiert. Nicht auf ihre hässlichen Worte und auch nicht auf ihr Gesicht, das plötzlich ebenfalls hässlich ist, nein, ihn traumatisiert die Stimme, die er plötzlich hört. Er dachte, er wäre ihr entronnen. Das aber ist dieselbe Stimme wie die von seiner Alten im Basar. Klar, es ist nicht dieselbe Frau, aber, noch einmal, es ist dieselbe Stimme, und das ist das Einzige, was zählt. Sie hat ihre Zunge aus dem Honigtöpfchen genommen, und er sitzt zum zweiten Mal in der Falle. Der Mattenflechter erhebt sich traurig aus dem Ehebett, so tieftraurig, dass er an der tiefsten Stelle seiner Traurigkeit die Tür zur Depression aufstößt, und er geht zu seiner Kleidertruhe, öffnet sie und sucht etwas darin. Seine Frau schimpft munter weiter, sie kriegt von seinem inneren Rückzug nichts mit. Von seinem äußeren auch nicht. Der Mattenflechter findet seinen alten Kapuzenkaftan, zieht ihn über und verlässt schweigend den Schlafraum, während sie zetert und noch kein Vogel singt. Schweigend geht er durch die Flure des Palastes, in dem noch alle schlafen, und die Wachen erkennen ihn fast nicht. Unter der Kapuze des alten Kaftans sieht er nicht wie der reichste Mann der Welt, sondern wie ein niederer Palastdiener der Nachtschicht aus, der jetzt nach Hause will.

Er verlässt den Palast und geht traurig durch Gassen, die auch noch komplett verschlafen sind, niemand sieht ihn, niemand ruft ihn, als er das Tor zur Wüste passiert und die Stadt hinter sich lässt. Er hat kein Ziel, er will nur so weit weg von dieser alten, kalten Stimme, wie es möglich ist. Er erreicht den Stein, auf dem er vor vierzig

Tagen und ein paar zerquetschten abgesetzt wurde. Er setzt sich wieder drauf, verbirgt sein Gesicht in den Händen und stöhnt ein Stöhnen, das viel trauriger als Tränen ist. Und tiefer als ein Gebet. Es ist das Gebet unter dem Gebet. Es hat noch keinen Adressaten, keine Ausrichtung, nicht mal einen Wunsch. Es stöhnt ohne Hoffnung auf Hilfe einfach vor sich hin. Und während er so stöhnt, hört der Mattenflechter plötzlich eine Stimme über sich. Nicht die kalte seiner Frau, Gott bewahre, sondern die von seinem alten Kumpel dröhnt von oben.

»Du hast mich gerufen?«, brüllt der Dschinn.

»Nein, nein, ich rief dich nicht.«

»Ich bin trotzdem gekommen. Und weißt du, warum? Deine Frau ist noch schrecklicher, als du es versprochen hattest. Wir sind ein glückliches Paar geworden. Dafür will ich dir ausnahmsweise ein zweites Gegengeschenk machen. Das erste war sowieso ein Missverständnis; du hättest dir gleich deine Karawane wünschen sollen. Und schau mal da, was kommt denn da?«

Über dem Horizont geht die Sonne auf, und aus dem Flirren über der Wüste wogt seine Karawane heraus. Bunte Satteldecken wippen auf zweitausend Kamelen, tausend Perlen funkeln, hundert Fanfaren wecken die Stadt. Jeder hört sie. Der Wirt, die Kaufleute und Baya Bey, der Großwesir, der Sultan und auch seine Tochter, und sie ist die Einzige, die sich nicht richtig darüber freuen kann. Ausgerechnet heute hat sie sich nicht beherrscht und ihre Zunge aus dem Honigtopf gezogen.

Das soll nie wieder vorkommen. Mit guten Vorsätzen eilt auch sie aus dem Palast und aus der Stadt und erreicht vor allen anderen ihren Mann, der inzwischen genötigt wurde, auf ein Pferd zu steigen, um seiner Karawane voranzureiten.

Sie wirft sich vor ihn in den Staub und bettelt ihn um Verzeihung an. Es war die Migräne, es hatte nichts mit ihm zu tun. Außerdem hat sie in der Nacht ihre Tage bekommen. Hormone haben sie verrückt gemacht. Und wie gewohnt erreichen das Herz des Mattenflechters nicht ihre Worte, sondern ihre Stimme. Sie ist wieder honigsüß, doch so süß wie jetzt war sie noch nie. Er verzeiht ihr, er holt sie auf sein Pferd, er reitet mit ihr an der Spitze der Karawane, deren Ende noch immer bis über den flirrenden Horizont reicht, zurück in die Stadt. Dort sind alle Fenster geöffnet und alle Balkone mit Jubel besetzt. Es regnet Blumen. So etwas, o Freund und Bruder, nennt man ein Happy End, und wir ziehen es noch ein bisschen in die Länge, Musik, Emotionen, das volle Programm, doch irgendwann schrumpft der Triumphzug der Karawane auf die Größe eines lebendigen Ölgemäldes, das im Hörsaal der Orientalistikfakultät der Uni Istanbul an der Wand hängt, und Frau Professor Ratt en Scharf steht daneben und grinst.

»Wir kommen zur Pointe«, sagt sie, »und die ist nicht so simpel wie bei den Gebrüdern Grimm. Denn hat unser Held das Herz der Prinzessin sowie das halbe Königreich für immer gewonnen? Die Antwort ist Nein, und er wird das alles auch niemals gewinnen, sondern immer nur kaufen. Keine Liebe, keine Freundschaft, kein Lächeln ist ab sofort für ihn mehr umsonst. Reichtum kennt nicht nur falsche Freunde, solange man Freunde findet, die so viel haben wie man selbst. Aber der reichste Mann der Welt bleibt allein in dem Zweifel, dass nicht er geküsst, gestreichelt und geehrt wird, sondern sein Geld. Keiner gibt, alle nehmen, und in Wahrheit ist er ärmer als die Armen, denn er hat nicht mal mehr seinen Traum. Obacht! Das ist die Moral von der Geschicht: Reichtum ist auch nur ein Sandkasten auf dem Spielplatz unserer Träume, und das Wesen der Träume ist, dass wir sie verlieren, wenn sie in Erfüllung gehen.«

End of story

Dank

Zunächst mal danke ich der Sonne. Sie ist meine beste Freundin. Dann danke ich natürlich auch Ludwig, der in Istanbul das beste Haus für Gäste betreibt. Genauer, auf einer der der Stadt vorgelagerten Prinzeninseln. Es heißt »Naya«. Ein dickes Dankeschön hier auch für Lisa. Ihre Begeisterung hat mich sicher durch die ersten Kapitel gebracht. Und unbedingt muss ich auch der jungen Frau aus Bilbao danken, die ich auf der Galata-Brücke kennenlernte. Zu diesem Zeitpunkt wollte ich das Buch aufgeben, und um das zu verhindern, hat sie mir folgende Geschichte erzählt:

»Zwei Frösche fallen in einen Milchtopf und strampeln um ihr Leben. Ein Frosch lässt irgendwann das Strampeln sein und ertrinkt. Der andere strampelt weiter, bis die Milch zu Butter geworden ist und er aus dem Topf springen kann.«

Man muss ihn einfach erlebt haben!
Sehen Sie Helge Timmerbergs Buchpremiere zu
»Die Märchentante, der Sultan, mein Harem und ich«:

Um sich das Video anzeigen zu lassen, benötigen
Sie ein Smartphone oder Tablet mit Kamera und
QR-Reader-Software.

Abenteuer Orient

Carmen Rohrbach
Im Reich von Isis und Osiris
Eine Nilreise von Abu Simbel
bis Alexandria

Carmen Rohrbachs 1000 Kilometer langer Weg ist eine fesselnde Erkundungsreise entlang Ägyptens Lebensspender – des sagenumwobenen Nil.

Tahir Shah
Der glücklichste Mensch der Welt
Meine Reise zu den Geschichtenerzählern Marokkos

Tahir Shah folgt den magischen Legenden aus 1001 Nacht und reist in die mittelalterlichen Medinas von Marrakesch und Fès und weiter bis in das Sandmeer der Westsahara.

Ilija Trojanow
Zu den heiligen Quellen des Islam
Als Pilger nach Mekka und Medina

»Ein hinreißender Bericht« (Frankfurter Rundschau) über die Hadsch, die islamische Pilgerfahrt nach Mekka, die den Muslimen als größte Glaubensbezeugung und Höhepunkt aller Sehnsüchte gilt.

MALIK NATIONAL GEOGRAPHIC